Françoise Rosay

Actrice de Jacques Feyder (1926-1946)

Portrait d'une femme de tête

Champs visuels

Collection dirigée par Pierre-Jean Benghozi,
Raphaëlle Moine, Bruno Péquignot et Guillaume Soulez

Une collection d'ouvrages qui traitent de façon interdisciplinaire des images, peinture, photographie, B.D., télévision, cinéma (acteurs, auteurs, marché, metteurs en scène, thèmes, techniques, publics etc.). Cette collection est ouverte à toutes les démarches théoriques et méthodologiques appliquées aux questions spécifiques des usages esthétiques et sociaux des techniques de l'image fixe ou animée, sans craindre la confrontation des idées, mais aussi sans dogmatisme.

Dernières parutions

May EL KOUSSA, *De la dynamique des larmes au cinéma. Sirk, Kieslowski, Bergman*, 2023.
Dominique CHATEAU et José MOURE (dir.), *Du quotidien dans le cinéma japonais (et français)*, 2022.
Manon GRIMAUD, *Du figural a la psychanalyse*, 2022.
Joachim Daniel DUPUIS, *Marco Candore. Mécanoscope, un cinéma pirate*, 2022.
Manon GRIMAUD, *Nolan, le temps et Bergson.* Tenet, *le cinéaste à la rencontre du philosophe*, 2022.
Jean-Michel ROPARS, *Cinéma, littérature : le temps dans dix œuvres*, 2022.
Françoise BARBE-PETIT et Anne-Laure DUBRAC, *Alfred Hitchcock à la lettre. Entre cris et écrits,* 2021.
Paul OBADIA, *Devant le décor. Le personnage et le monde ((Duvivier, Carné, Hitchcock, Melville)*, 2021.
Jean-François PIGOULLIÉ, *La décennie 2010 au miroir des fictions .télévisées*, 2021.
Maxime DIDAT, *Géopolitique et cinéma, Image(s) de la puissance, puissance des images*, 2021.
Raphaël VANO, *Disney,* Star Wars *contre-attaque. L'aura face à la franchise,* 2021.
Frederic CHAUME, Jean-Noël PAPPENS, *Doublage et sous-titrage. Guide d'une profession en plein essor*, 2021.
Guglielmo SCAFIRIMUTO, *Français-e d'origine étrangère ?,* 2021.

Philippe DEPOUX

Françoise Rosay

Actrice de Jacques Feyder (1926-1946)

Portrait d'une femme de tête

L'Harmattan

5-7, rue de l'École-Polytechnique, 75005 Paris
http://www.editions-harmattan.fr
ISBN : 978-2-14-031948-8
EAN : 9782140319488

Remerciements

Cet ouvrage est la version remaniée d'un travail de recherches mené sous la direction de M. Thomas Pillard (Université Sorbonne Nouvelle) qui, tout au long de son déroulement, m'a guidé et conseillé par ses relectures attentives et son dévouement sans faille. Je dois également adresser mes remerciements à M. Laurent Véray et à Mme Raphaëlle Moine qui, dans le même établissement, m'ont indiqué les améliorations à apporter et m'ont suggéré des pistes de réflexion stimulantes. Tous mes remerciements également à Mme Myriam Juan (Université de Caen Normandie), qui a eu la gentillesse de m'envoyer sa thèse sur le vedettariat dans l'entre-deux-guerres. Enfin, je n'oublie pas le personnel de la bibliothèque de la Cinémathèque française ainsi que celui de la Bibliothèque nationale de France et de la Bibliothèque de l'Arsenal, dont l'aide m'a été précieuse.

Je précise que ce texte n'étant pas totalement identique au texte d'origine, les lacunes, les erreurs et les approximations que le lecteur pourra y déceler sont de ma seule responsabilité.

Introduction

Artiste célèbre, cantatrice puis vedette au théâtre comme au cinéma, Françoise Rosay ne semble guère avoir suscité, malgré sa renommée, l'intérêt des chercheurs en cinéma. Jacques Feyder, le cinéaste dont elle a été l'épouse de 1917 jusqu'au décès de celui-ci en 1948, et pour lequel elle a interprété certains des rôles ayant contribué à faire d'elle une vedette, a bénéficié quant à lui d'un sort plus enviable, bien que son œuvre demeure en grande partie négligée et méconnue. C'est ce constat étonnant qui a piqué notre curiosité. Cela nous a incité à examiner les films où Rosay a joué sous la direction de son époux — des films qui proposent tous de remarquables portraits de femmes —, à tenter de définir son identité artistique et culturelle, à entreprendre l'étude de leur collaboration, des accomplissements artistiques auxquels ils sont parvenus et des enjeux sociaux exprimés par leurs films.

Née Françoise Gilberte Chauvin, et devenue en 1936, une fois reconnue par son père, Françoise Gilberte Bandy de Nalèche, Françoise Rosay est en partie d'origine aristocratique. Classée parmi les dix actrices françaises les plus populaires par *La Cinématographie française* de 1936 à 1938[1], elle a réussi à trouver le succès à l'écran grâce à des qualités qui dépassent celles qu'on attend habituellement d'une comédienne. Femme de tête (pour reprendre une expression qui figure dans le titre d'un des

[1] Barry Nevin, « The Very Essence of French Cinema (?) : Jacques Feyder's Return to France, 1944-1948 », *Quarterly Review of Film and Video*, vol. 37, n° 5, 2020, p. 458.

premiers films de Feyder[2]) à une époque où la condition des Françaises demeure en partie marquée par des archaïsmes hérités de périodes antérieures, dotée d'une solide formation musicale et théâtrale, elle a franchi sans difficulté le cap du parlant. Par les rôles qu'elle a joués, elle a proposé aux spectateurs — et aux spectatrices — des images de femmes révélatrices de ce qu'elle a été (ou voulu être) et de ce qu'ont pu être (ou vouloir être) les femmes des années 1920 aux années 1940. Bien sûr, il s'agit d'images retravaillées et reconfigurées ; les œuvres où elle apparaît sont le fruit d'une élaboration artistique, non un document brut sur une réalité préexistante.

Personnalité de premier plan dont l'activité se déroule essentiellement sur deux décennies, Jacques Feyder n'a guère d'affinités avec les maîtres de l'avant-garde des années 1920 (Epstein, Gance, L'Herbier), mais annonce plutôt les réalisateurs réalistes de la décennie suivante (Carné, Grémillon) dont il est esthétiquement plus proche. Il occupe toutefois parmi les cinéastes français de l'entre-deux-guerres une place quelque peu étrange. Les histoires et les encyclopédies du cinéma reviennent sur son travail de cinéaste : en 1998, un numéro spécial de la revue *1895* dirigé par Jean Gili et Michel Marie lui a été consacré ; des articles universitaires plus récents analysent certains de ses films. L'œuvre de Feyder ne s'est pas effacée de la mémoire des cinéphiles, mais elle a besoin d'être revisitée, redécouverte. Et cela est d'autant plus vrai qu'elle met fréquemment en jeu des questions auxquelles nous demeurons sensibles aujourd'hui.

L'objectif de cette étude étant d'analyser les films où Françoise Rosay a joué sous la direction de Jacques Feyder, seule une petite partie (1926-1946) de la carrière des deux artistes sera prise en compte. En effet, une bonne

[2] *Têtes de femmes, femmes de tête,* tourné en 1916.

partie des films les plus remarquables du réalisateur — *L'Atlantide* (1921), *Visages d'enfants* (1925), *Carmen* (1926), *Les Nouveaux Messieurs* (1929), *La Loi du nord* (1939) — n'emploie pas Rosay comme actrice. Celle-ci lui a en outre survécu pendant vingt-cinq ans (son dernier rôle à l'écran date de 1973).

Se pose pour nous, spectateurs que bientôt un siècle séparera de ces œuvres, la question de savoir comment elles mettent en scène des héroïnes qui doivent inévitablement composer avec les contraintes propres à l'époque et à la société dans laquelle elles vivent. Il va de soi que cette recherche doit s'appuyer pour commencer sur une analyse interne des œuvres elles-mêmes, puis sur la mise en relation, lorsque c'est possible et adéquat, des résultats obtenus avec ce que nous révèlent les historiens de la vie des Françaises pendant l'entre-deux-guerres, ainsi qu'avec les discours médiatiques suscités par Françoise Rosay. Cela devrait nous permettre de définir exactement quel modèle de féminité l'actrice construit par les rôles qu'elle interprète et quelle est l'image qu'elle donne ainsi d'elle-même. Il s'agit donc pour nous d'étudier des phénomènes fictionnels en relation à des réalités historiques. Il s'agit aussi de confronter ces phénomènes aux évolutions sur deux décennies de l'image d'une actrice à l'intérieur et dans le cadre de l'œuvre d'un même cinéaste. D'où un faisceau d'interrogations que l'on pourrait synthétiser dans les termes suivants : comment les personnages de femmes volontaristes joués par Françoise Rosay dans les films de Jacques Feyder, en tant qu'émanations du couple créateur formé par l'actrice et son mari, interagissent-ils avec les normes sociales propres à leur contexte de production et de diffusion, ainsi qu'avec l'évolution de ce contexte et de la *persona* de Rosay de 1926 à 1946 ? en quoi ces interprétations et leur réception médiatique viennent-elles troubler, subvertir ou reconduire les modèles de féminité en vigueur durant cette période charnière pour la construction des identités et des rapports de sexe, à l'écran et en dehors ?

Afin de répondre aux questions que nous venons de soulever, sera examinée la majeure partie des films mis en scène et joués par le couple Feyder-Rosay, soit un ensemble réalisé sur une vingtaine d'années dont nous retiendrons six longs-métrages : *Gribiche* (1926), *Le Grand Jeu* (1934), *Pension Mimosas* (1935), *La Kermesse héroïque* (1935), *Les Gens du voyage* (1938) et *Macadam* (1946). Ont été exclus de ce corpus deux films auxquels nous n'avons pu avoir accès, *Si l'Empereur savait ça* (1930) et *Une femme disparaît* (1942), et ceux où Françoise Rosay ne fait que de la figuration. C'est le cas des nombreux courts métrages tournés par Feyder entre 1916 et 1918[3], ainsi que du long métrage *Crainquebille* (1922) dans lequel elle se contente d'une apparition.

Les bornes chronologiques fixant les limites de la période durant laquelle ont été tournés les films de Jacques Feyder avec Françoise Rosay indiquent un intervalle de vingt ans : 1926-1946. Cet intervalle ne renvoie à aucun des découpages habituellement adoptés par les historiens, qu'il s'agisse de l'histoire du cinéma ou de l'Histoire tout court. Ainsi, il commence avant la fin du muet et s'arrête peu après celle de la Seconde Guerre mondiale. On se trouve donc face à deux limites de nature hétérogène, qu'on ne peut rattacher à aucun tournant historique ou artistique décisif, mais qui correspondent à l'évolution spécifique d'une œuvre, celle du couple Feyder-Rosay. Par ailleurs, cette période apparaît trouée à deux reprises

---

[3] *Têtes de femmes, femmes de tête* (1916), *Le Billard cassé* (1917), *La Trouvaille de Buchu* (1917), *L'Instinct est maître* (1917), *Abrégeons les formalités* (1917), *Les Vieilles Femmes de l'hospice* (1917), *Le Bluff* (1917), *Le Frère de lait* (1918).

par une interruption. Première interruption : la parenthèse hollywoodienne, marquée par la réalisation en versions multiples de *Si l'Empereur savait ça* et par le tournage d'œuvres dans lesquelles Françoise Rosay ne joue pas. C'est d'ailleurs à Hollywood que Rosay, dont c'est le « premier rôle de film parlant », comme elle le rappelle dans *La Traversée d'une vie*, apprend l'accueil réservé à ce film et à sa performance par le public français. Elle raconte avoir à l'époque du tournage douté de ses capacités à jouer dans ce nouveau type de film. Or, tout juste arrivé de France, Charles Boyer « m'annonça que je venais de remporter à Paris un énorme succès personnel et que j'avais été portée en vedette sur les affiches, le lendemain de la première[4] ».

Huit années séparent donc *Gribiche* (1926) et *Le Grand Jeu* (1934). Cette étape est celle qui a permis à Feyder, dans le cadre hollywoodien, de maîtriser la technique du parlant. Sans qu'il y ait clairement de lien de cause à effet, ces deux dates correspondent d'ailleurs approximativement au temps qui a été nécessaire à la généralisation du parlant en France et aux États-Unis, le passage de tentatives encore hésitantes — et qui sont loin d'être les premières — pour sonoriser un long métrage à la standardisation des techniques s'étant effectué sur plusieurs années, de 1929 à 1934 selon Martin Barnier[5].

Deuxième interruption : l'Occupation. Huit années séparent également *Les Gens du voyage* (1938) et *Macadam* (1946). On sait à quel point les années du régime de Vichy peuvent être passionnantes pour l'historien du cinéma mais, comme on le voit, elles ne

---

[4] Françoise Rosay, *La Traversée d'une vie*, Paris, Robert Laffont, 1974, p. 152.

[5] Martin Barnier, *En route vers le parlant : histoire d'une évolution technologique, économique et esthétique du cinéma (1926-1934)*, Liège, Éditions du Céfal, 2002, p. 17.

nous concernent pas directement, *Une femme disparaît* (1942) ayant dû être exclu de notre corpus. Il s'agit pourtant d'un film dont la structure narrative, assez inhabituelle, offre à Françoise Rosay l'occasion de jouer quatre rôles différents (une actrice de théâtre célèbre, une servante autoritaire, une enseignante de pensionnat, une femme du peuple italienne), les deux premiers étant les plus étoffés. Cette période et les années qui ont suivi ont été difficiles pour Feyder. De nombreux obstacles se sont dressés sur son chemin à son retour en France : le mauvais état du cinéma français (le manque de matériel, la dépendance technologique à l'égard de firmes étrangères, les accords Blum-Byrnes du 28 mai 1946 qui permettent l'entrée massive de films américains sur le marché hexagonal), le fait que Feyder n'a jamais réalisé de film en faveur de la Résistance pendant son exil en Suisse (contrairement à Jean Renoir, par exemple), ses propos d'avant-guerre sur la présence de Juifs dans l'industrie française, le contenu « collaborationniste » que certains ont cru rétrospectivement déceler dans *La Kermesse héroïque*, et enfin son alcoolisme[6].

Notons enfin que, parmi les films retenus, *Macadam* possède un statut à part. Présenté comme un film de Marcel Blistène (dont c'était la deuxième réalisation, après *Étoile sans lumière*, avec Édith Piaf et Yves Montand), il a été tourné sous la « direction artistique » de Jacques Feyder, et c'est sur le nom de ce dernier que se termine le générique. On peut donc s'interroger sur la paternité de cette œuvre, et un critique de l'époque, Roger Régent, ne manque pas de remarquer qu'« on retrouve le style de Feyder dans le film de Blistène[7] », sans plus amples précisions. Le caméraman Louis Page rapporte même que, bien qu'en mauvaise santé, Feyder n'avait rien perdu de

---

6 Barry Nevin, « The Very Essence… », *op. cit.*, p. 463.

7 Roger Régent, *L'Écran français* n° 75, 3 décembre 1946, p. 6-7.

son inventivité en matière de cadrage ou d'éclairage[8]. Si l'on en croit Françoise Rosay qui raconte cet épisode dans son autobiographie *La Traversée d'une vie*, Feyder aurait été le véritable maître d'œuvre sur le tournage. Un tournage orageux, selon ce qu'en ont rapporté les témoins.

Engagée par le producteur Eugène Tuscherer pour le film et rendue inquiète par la mauvaise réputation du metteur en scène, l'actrice, sur les conseils d'un opérateur, demande à Feyder de superviser le travail de Blistène. À court d'argent, et parce que mettre en scène est sa « raison d'être[9] », Feyder accepte. Des documents administratifs produits avant le tournage tentent de fixer les modalités de cette collaboration. Ainsi, le 3 février 1946, la maison de production, la BUP, adresse une lettre dans ce sens à Françoise Rosay ; le 16 février, Eugène Tuscherer écrit à Feyder pour lui préciser la nature et l'étendue de son rôle de directeur artistique. L'actrice principale doit être rémunérée 350 000 francs et doit de plus bénéficier d'une rémunération globale complémentaire minimum de 500 000 francs pendant un délai d'exploitation de trente mois. Quant aux prises de vue, elles sont prévues pour commencer entre le 20 mai et le 4 juin 1946[10]. Malgré les

---

[8] Louis Page, « Les méthodes de travail du metteur en scène », in René Micha (dir.), *Jacques Feyder, ou le cinéma concret,* Bruxelles, Comité national Jacques Feyder, p. 64, cité par Barry Nevin, « The Very Essence… », *op. cit.,* p. 463.

[9] Louis Page, « Les méthodes de travail… », *op. cit.*, p. 59-64, cité par Barry Nevin, « The Very Essence… », *op. cit.,* p. 461.

[10] Documents disponibles dans le fonds Feyder-Rosay de la Cinémathèque française (FEYDROS 68-B16). Le 16 février 1946, Tuscherer y déclare, concernant la mention du nom de l'actrice : « Il est entendu que ce sera sur un carton seul dans le générique et que dans la publicité aucun nom de collaborateurs ne sera plus favorisé que le vôtre. » « Le Producteur tiendra compte de l'avis du Directeur artistique en ce qui concerne l'établissement du scénario, du découpage et du dialogue et ne prendra de décision que d'un commun

précautions prises pour définir les rôles respectifs du réalisateur et du directeur artistique, les relations entre Feyder et Blistène se dégradent rapidement. Feyder aurait proposé à son jeune collègue de venir le soir préparer les plans à tourner le lendemain et celui-ci ne se serait jamais rendu à son invitation. Puis, pendant que Feyder aurait supervisé seul le montage, Blistène aurait lancé une campagne de presse contre lui. Il s'agit là, bien entendu, de la version des faits donnée par Françoise Rosay[11]. Blistène aurait, semble-t-il, publié dans la presse des images de Feyder diminué par l'alcool[12]. Celle du « Minotaure », un journaliste de *L'Écran français*, est différente. Selon lui, des « duels épiques » se seraient produits sur le plateau. « Dès les premiers jours de tournage, l'inévitable se produisit : Jacques Feyder [...] outrepassa ses fonctions. Sur son fauteuil, des envies le démangeaient : c'est humain. Et le pauvre Blistène se voyait peu à peu ravalé au rang de vulgaire assistant. Il avait espéré des conseils, il recevait des ordres[13]. » Quoi qu'il en soit, nous choisissons d'intégrer *Macadam* à notre corpus.

Enfin, l'analyse de ces œuvres nous conduira quelquefois à faire référence à d'autres films tournés par Françoise Rosay à peu près à la même époque (1933-1952) sous la direction d'autres réalisateurs[14]. Cela nous

---

accord avec lui. Il agira de même en ce qui concerne l'établissement des décors et le choix des interprètes principaux. »

[11] Françoise Rosay, *op. cit.*, p. 293-295.

[12] Barry Nevin, « The Very Essence, *op. cit.*, p. 462.

[13] Le Minotaure, « La querelle de l'ancien et du nouveau », *L'Écran français* n° 60, 21 août 1946, p. 3.

[14] *L'Abbé Constantin* (Jean-Paul Paulin, 1933), *Remous* (Edmond T. Gréville, 1933), *Jenny* (Marcel Carné, 1936), *Un carnet de bal* (Julien Duvivier, 1937), *Le Fauteuil 47* (Fernand Rivers, 1937), *Drôle de drame* (Marcel Carné, 1937), *Le Ruisseau* (Claude Autant-Lara / Maurice Lehmann, 1938), *Paix sur le Rhin* (Jean Choux, 1938), *Le*

permettra de mieux interroger et de mettre en lumière les spécificités propres à notre corpus, de voir si les rôles offerts à l'actrice dans ces œuvres présentent des particularités identiques selon qu'elle est ou non dirigée par Feyder.

Une fois défini le corpus, se pose la question du choix des orientations théoriques et des sources les plus adaptées pour l'éclairer. Or l'émergence, depuis quelques décennies, de champs d'études interdisciplinaires focalisés sur les pratiques culturelles, habituellement sous-estimées, de groupes sociaux dominés ou minoritaires a également favorisé l'éclosion de travaux analysant selon quelles modalités ont été représentés, ou sont encore représentés, les groupes en question. Ainsi, les analyses produites dans ce cadre montrent comment les aspirations, les interdits et les frustrations qui marquent l'imaginaire de générations d'individus trouvent à s'exprimer dans les productions cinématographiques, sans qu'il s'agisse pour autant d'une transcription directe de ces phénomènes. On peut en effet supposer, tout d'abord, que la division en classes sociales s'accompagne d'une diversité des aspirations (même si certaines traversent toutes les strates de la société) et que, en raison des origines sociales des individus qui fabriquent les produits culturels, certains phénomènes doivent être sous- ou sur-représentés. On doit également prendre en compte le fait que tout n'est pas exprimable ou représentable dans le cinéma français des années 1926-1946. Toute société a ses zones de blocage, et l'on sait le rôle de la censure dans l'industrie cinématographique de cette époque.

Joueur d'échecs (Jean Dréville, 1938), *Les Vagabonds du rêve* (Charles-Félix Tavano, 1949), *L'Auberge rouge* (Claude Autant-Lara, 1951), *Le Banquet des fraudeurs* (Henri Storck, 1952).

Il s'agira donc de voir comment Feyder représente dans ses films cette construction sociale qu'est la féminité, à la fois dans les différents personnages qui constituent l'élément central de chacun des six films que nous allons étudier et dans la manière dont il leur insuffle chair et âme en en confiant l'interprétation à une comédienne pourvue d'une voix, d'une attitude et d'un physique qui lui sont propres. Or, si celle-ci donne aux personnages une existence à laquelle nous feignons volontairement de croire le temps de la projection, les personnages contribuent à leur tour à bâtir une image de l'actrice, image qu'on ne saurait confondre avec l'individu réel et qui forme sa *persona*.

Un autre angle de vue, complémentaire du premier et centré, selon un point de vue social et culturel, sur la question de la célébrité et des personnalités qui en sont dotées (les *star studies*), devrait nous aider à définir l'apport spécifique de Françoise Rosay au cinéma de son époque. Mais ceci n'est pas sans poser problème : comédienne célèbre, Françoise Rosay appartient-elle pour autant à ce panthéon des dieux de la pellicule ? en partage-t-elle les caractéristiques ? À ces deux interrogations sur l'identité artistique de l'actrice, il convient d'ajouter un questionnement d'ordre théorique ou méthodologique. Dans quelle mesure le cadre conceptuel des *star studies* est-il pertinent pour l'analyse de son travail de vedette ? C'est ce que nous tenterons d'analyser.

Ici, il ne s'agit pas, ou pas seulement, d'atteindre l'individu qu'a été réellement Françoise Rosay, même si nous disposons de nombreux témoignages la concernant, à commencer par ce qu'elle-même a pu écrire ou faire écrire. Il s'agit de déterminer quelle image fictionnelle elle laisse dans chacun des six films de Feyder que nous avons sélectionnés ; il s'agit aussi d'observer selon quelles inflexions elle a pu évoluer durant ces deux décennies. Il va donc de soi que cet examen doit se faire en confrontant les images de l'actrice que les films construisent à leur contexte de production. L'existence de sources encore disponibles datant de l'époque de tournage (correspondance personnelle ou professionnelle, documents émis par les maisons de production, mais aussi articles publiés dans des magazines spécialisés comme *Cinémonde* ou *Pour Vous*) devrait nous permettre de le reconstituer, ne serait-ce que par fragments. En effet, ces films n'apparaissent pas complètement par hasard dans l'histoire du cinéma et, plus globalement, à ce moment précis de l'histoire de la France. De 1926 à 1946, de nombreux événements, parfois traumatisants, ont transformé de façon globale la vie des Français. Il y a donc fort à parier que ces bouleversements trouvent un écho dans les films, même si ceux-ci n'en sont pas la simple photographie.

Complément indispensable de ces approches, la consultation des archives éclaire quant à elle sur la création des œuvres, sur les différentes étapes de leur genèse. Le fonds Feyder-Rosay disponible à l'espace chercheurs de la bibliothèque de la Cinémathèque française rassemble dans une quinzaine de boîtes des documents dont la rédaction va de 1920, pour les plus anciens, à 1978, soit une période d'une amplitude bien plus large que celle qui nous intéresse ici. Notre critère de sélection a été les titres de film qui apparaissent dans l'intitulé des documents. N'ont donc été retenus que ceux qui faisaient l'objet de notre étude. Toutefois, nous avons pris en compte des pièces postérieures à 1946 lorsqu'elles traitent de l'exploitation de ces films. Même si les informations fournies n'éclairent que de façon marginale l'objet de notre recherche, elles nous montrent une facette de Françoise Rosay qui est loin d'être inintéressante : celle d'une artiste protégeant le patrimoine légué par son époux.

Ces documents concernent tous les stades du travail créateur. Relèvent ainsi de la phase préparatoire du tournage les scénarios, parfois manuscrits, les continuités dialoguées et les découpages techniques qui ont été conservés pour certains films (*Le Grand Jeu*, *Pension Mimosas*, *Les Gens du voyage*). À ces documents s'ajoutent les devis et les comptes d'exploitation, les contrats qui précisent le salaire des acteurs et les modalités de versement. Mais les interpréter n'est pas toujours chose facile : que signifient pour nous aujourd'hui les sommes versées ? comment a évolué leur valeur tout au long de la période de vingt ans (1926-1946) qui nous concerne ? On peut y lire également les conditions imposées par l'actrice (autorisation de venir avec son coiffeur habituel pour le tournage de *Macadam*, par exemple), ce qui nous renseigne sur sa marge de manœuvre et le statut qui est le sien à telle ou telle date.

D'autres documents témoignent de problèmes liés à une phase postérieure du travail. C'est le cas de la correspondance de Charles Spaak avec Jacques Feyder où s'expriment — quelquefois sous forme de remarques venimeuses — les conflits, liés à des questions d'attribution et de paternité des scénarios, à l'issue desquels leur collaboration va s'arrêter après *Pension Mimosas*. Enfin relèvent de la dernière phase du travail sur le film des documents produits après le tournage. Ils émanent de différentes sources. De l'équipe elle-même tout d'abord : du matériel publicitaire, mais aussi des lettres adressées à Rosay à différentes occasions, parfois longtemps après la mort de Feyder, pour le passage d'un film à la télévision ou pour un éventuel remake, celui de *Pension Mimosas* en Argentine, par exemple. Également du milieu journalistique qui évolue en partie (presse généraliste) ou totalement (presse spécialisée) dans la proximité du monde du cinéma. Ont ainsi été collectées et réunies par le personnel de la bibliothèque de la Cinémathèque française des coupures de presse qui renseignent sur la réception des films par la critique. En ce qui concerne la réception par le public, c'est d'autres sources qu'il convient d'explorer, extérieures à ce fonds d'archives : le courrier des lecteurs des magazines populaires, par exemple.

Afin d'organiser et de répartir les données et les interrogations dont nous venons de faire état, nous procéderons en trois étapes : la première explorera les différents rôles sociaux que remplissent les héroïnes créées par Jacques Feyder ; la seconde s'intéressera plus particulièrement aux relations de ces personnages avec les hommes afin de définir leur degré d'autonomie par rapport au pouvoir masculin ; la troisième tentera de déterminer, après l'analyse du contenu des films, quelle image d'actrice les documents non filmiques produits autour des films ont permis de construire[15].

---

[15] Deux précisions concernant la présentation des sources filmiques : dans la mesure du possible, la première mention d'un personnage sera accompagnée du nom, donné entre parenthèses, de l'acteur qui l'interprète, sauf lorsque le personnage est joué par Françoise Rosay elle-même ; quant à la première mention d'un film non réalisé par Jacques Feyder, elle sera suivie par le nom du cinéaste et la date de sortie du film, les deux informations figurant également entre parenthèses. Autre précision : les citations de chercheurs anglophones seront données en français et traduites par nous.

1. Les rôles sociaux des personnages interprétés par Françoise Rosay

Dans chacun des films que Jacques Feyder et Françoise Rosay ont tournés ensemble, le personnage féminin apparaît toujours inséré dans un contexte social décrit avec précision, qu'il s'agisse de son environnement familial et professionnel, des intérieurs où il évolue, ou de son comportement (manières de parler, manières de s'habiller). La réunion de ces facteurs permet de créer des univers cohérents, conformément aux principes de ce qu'on désigne sous le terme de réalisme. Après avoir montré comment la première apparition de l'héroïne, et de l'actrice à l'écran, renseigne en quelques plans sur sa position sociale et sa caractérisation en tant qu'individu, on étudiera comment s'organise l'imbrication des statuts dans cet univers complexe (où l'on peut être à la fois mère et patronne d'hôtel, grande bourgeoise et militante du courant hygiéniste…), pour se concentrer ensuite sur des types de relations particuliers (relations professionnelles, relations parentales) et analyser pour terminer la mise en correspondance des héroïnes avec les lieux qu'elles traversent.

Premières apparitions

Prendre pour objet d'analyse, afin d'éclairer les rapports sociaux entretenus par un personnage de film, son mode d'apparition dans le déroulement du récit offre souvent l'occasion de mettre au jour des phénomènes qui sont loin d'être anodins. Outre la délivrance d'informations sur le statut du personnage, la première apparition de celui-ci peut être l'occasion, comme le signale Ginette Vincendeau, d'« un *jeu* avec le spectateur ». Dans l'étude qu'elle a consacrée à Gabin, la chercheuse a en effet montré à quel point le temps d'attente plus ou moins long imposé au public avant l'arrivée de l'acteur était une composante du plaisir cinéphilique. « Le nom JEAN GABIN s'étale, en grosses lettres et à quelques exceptions près, le premier, sur près d'une centaine de génériques. Le plaisir pour le spectateur consiste alors à attendre, puis à reconnaître la star. Gabin, comme toutes les grandes stars, se fait attendre. » Elle énumère les procédés utilisés pour prolonger l'attente : « on entend sa voix avant de le voir vraiment [...], on le voit de dos [...], on parle de lui avant qu'il n'apparaisse [...] ou bien on doit le chercher des yeux dans une foule ou dans un groupe[16] ». C'est ce que nous allons tenter d'examiner en privilégiant deux films dans lesquels les apparitions de Françoise Rosay font l'objet d'une mise en scène particulièrement digne d'intérêt, *Le Grand Jeu* et *Macadam*.

D'une œuvre à l'autre, Feyder met en scène et en valeur de façon variable la manière dont est présentée l'héroïne du film : par le jeu sur les cadrages, le moment du récit où il la fait intervenir, les caractérisations psychologiques qu'il lui attribue. Une partie des films de notre corpus (*Gribiche*, *Les Gens du voyage*) fait intervenir l'actrice dès les premières images. D'autres retardent son arrivée : de quatre minutes pour *Pension Mimosas* et *Macadam*, de six minutes pour *La Kermesse héroïque*. Dans *Gribiche*, lors de la première séquence du film, Antoine Belot (Jean Forest) fait la connaissance d'Édith Maranet au magasin des Trois Quartiers. Filmée de loin, assise face à un comptoir, en train de parler à une vendeuse, Édith ne se

---

[16] Claude Gauteur, Ginette Vincendeau, *Jean Gabin, anatomie d'un mythe*, Paris, Nathan, 1993, p. 118-119.

détache qu'à peine du décor qui l'entoure, la caméra se focalisant sur Gribiche et sur une femme qui essaie une multitude de chapeaux et qu'on ne reverra plus par la suite. À ces éléments s'ajoute le fait que Rosay n'est pas encore l'actrice de cinéma très connue qu'elle deviendra par la suite. Le film peut l'individualiser dès le départ, comme c'est le cas pour *Les Gens du voyage*, où l'on entend sa voix avant qu'un panoramique ne la montre ; il peut également la faire apparaître un peu plus tard. Lorsqu'elle forme un couple avec Alerme (dans *Pension Mimosas* et dans *La Kermesse héroïque*, tournés pour le premier d'août à octobre 1934, de juillet à octobre 1935 pour le second, c'est-à-dire avec un bref intervalle de temps entre les deux), c'est Alerme qui est montré en premier. Retarder l'arrivée de Rosay permet alors, on y reviendra, de construire un rapport de forces inégalitaire. Mais c'est dans *Le Grand Jeu* (où Mme Blanche ne devient visible qu'au bout d'un laps de temps important dans la durée du film) et dans *Macadam* que la première apparition de Rosay est mise en scène de la façon la plus spectaculaire.

Tourné au Maroc en 1933, de septembre à décembre, sorti l'année suivante en avril, *Le Grand Jeu* est la première grande réalisation parlante conçue par le couple Feyder-Rosay après leur séjour à Hollywood. C'est aussi, avec *La Kermesse héroïque*, l'un des films de Feyder dont le titre est resté le mieux ancré dans le souvenir des cinéphiles. La trame narrative du scénario inscrit, ou feint d'inscrire, le récit dans un genre alors en faveur auprès du public : le film d'aventures coloniales — genre d'autant plus à la mode que la guerre du Rif, qui avait opposé de 1925 à 1927 l'armée française aux tribus berbères dirigées par Abdelkrim el-Khattabi, était alors dans toutes les mémoires. Parmi les œuvres qui relèvent de la même appartenance générique et que la postérité a retenues, quelques-unes, légèrement postérieures au *Grand Jeu*, s'appuient également sur le motif thématique du héros amené, afin d'échapper à la Justice, à se réfugier dans les colonies. Jean Gabin passe ainsi de la Légion espagnole (également tourné au Maroc, *La Bandera* de Julien Duvivier sort sur les écrans le 21 septembre 1935) à la casbah d'Alger (*Pépé le Moko* du même cinéaste sort le 28 janvier 1937). L'Afrique peut n'être qu'un décor dans ces films, les problèmes de ces territoires n'y étant guère ou pas évoqués. Et pour cause : la censure de l'époque surveille toute critique anticolonialiste[17]. L'hostilité des populations nord-africaines à l'égard des colons est cependant clairement mentionnée dans *Le Grand Jeu*. Mais ceci ne change rien au sens global du film : les enjeux véritables de l'intrigue se situent ailleurs.

Celle-ci est construite autour de la trajectoire de Pierre[18], un dandy écervelé (Pierre Richard-Willm) amoureux de

---

[17] Sous la plume de Huguette ex-Micro (pseudonyme de Henri Jeanson faisant référence à Huguette ex-Duflos), le *Canard enchaîné* du 6 février 1935 (cote BnF : MICR D-47 NUMP-15675) reproduit la fiche de censure du *Grand Jeu* (visa n° 0039, 26 avril 1934). Parmi les aspects critiqués, la rixe entre légionnaires et tirailleurs qui donne une mauvaise image de l'Armée, une phrase où il est dit que les Riffains « défendent leur terre ». D'où la conclusion de Jeanson : « On voit que la censure a pour unique objet de défendre les thèses impérialistes ».

[18] Précisons que *Pierre* (parfois orthographié *Pieire* dans la version manuscrite des scénarios) sert à deux reprises de prénom à un personnage masculin important dans les films de notre corpus. La première fois dans *Le Grand Jeu* : le rôle de Pierre Martel y est interprété par Pierre Richard-Willm. La deuxième fois dans *Pension Mimosas*, réalisé immédiatement après *Le Grand Jeu* : Pierre Brabant est le fils adoptif de l'héroïne, le rôle étant cette fois-ci confié à Paul Bernard. Ajoutons que le Brabant est une province belge et que le scénario de *Pension Mimosas* comporte une scène, supprimée par la suite, au cours de laquelle Pierre enfant et son père biologique partent à Anvers. Feyder et Spaak ont ainsi introduit dans le scénario des allusions à leur pays d'origine.

Florence, une mondaine égoïste et dépensière (Marie Bell). Son comportement irresponsable va contraindre son entourage à lui imposer l'exil au Maroc, alors protectorat français, et l'engagement dans la Légion étrangère. Il y rencontre Mme Blanche, la tenancière du Normandy's, un hôtel louche. La version manuscrite du scénario la présente comme « une femme de quarante ans. Trop bien coiffée. Vêtue d'une éternelle robe de satin noire à même la peau et chaussée de pantoufles[19] ». C'est un personnage mélancolique qui passe son temps à se soigner les mains et à se tirer les cartes. Plus tard, il fait la connaissance d'une prostituée (Marie Bell doublée par Claude Marcy). Or celle-ci ressemble étrangement à Florence dont il est toujours amoureux. Ses retrouvailles avec elle à la fin du film ont pour effet de le guérir définitivement de sa passion amoureuse. Elles l'éloignent également d'Irma, double de Florence dont il n'a plus besoin désormais. Ne lui restent plus alors que son activité de légionnaire et — les cartes le révèlent à Mme Blanche — que la mort.

Les premières minutes du film sont essentiellement construites sur la présence et le jeu de Pierre Richard-Willm et de Marie Bell. Celui de Rosay, on y reviendra lorsque nous étudierons les génériques des films, est mentionné plus tard. Ce n'est qu'après une vingtaine de minutes que l'actrice fait son apparition pour la première fois. Le contexte de celle-ci n'est nullement anodin : la séquence présente M. Clément (Charles Vanel), l'époux de Mme Blanche, aux prises avec le proxénète Aziani, patron des Folies parisiennes (Nestor Ariani, qu'on retrouve brièvement, et pour un rôle comparable, dans *Pension Mimosas*). Ce dernier lui adresse des reproches concernant le mauvais déroulement d'une affaire qu'ils gèrent ensemble. On comprend vite que Clément, « un homme de cinquante ans, hépatique, alcoolique et

[19] Scénario manuscrit du *Grand Jeu*, p. 53 (FEYDROS, 21-B5).

débraillé », dont la « chemise déborde d'un pantalon de toile tirebouchonnée[20] », participe à un trafic de prostituées, et que les « filles » en provenance de Barcelone ne sont pas encore arrivées — d'où l'exaspération d'Aziani. L'échange entre les deux hommes permet au dialoguiste, ici Charles Spaak, de situer le cadre social dans lequel Mme Blanche, encore invisible, évolue.

Le choix de mettre en scène un conflit, outre qu'il illustre la dureté des relations humaines dans semblable contexte, est également un artifice destiné à rendre plus vivante ce qu'on est en droit de considérer comme une scène d'exposition, même si elle survient aussi tardivement. Fait notable, elle semble n'avoir que peu de rapport avec ce qui précède, même si elle s'inscrit dans un cadre géographique certes nouveau pour le spectateur, mais déjà clairement installé depuis quelques minutes, avant la scène chez Mme Blanche : le lieu de l'action s'est déplacé, le Maroc s'est substitué à la France. Et, comme dans toute narration classique, ce qui paraît à première vue décousu finit par trouver sa cohérence. Ici, c'est la réapparition du personnage de Pierre qui rétablit les liens apparemment défaits. Venu boire un verre chez Mme Blanche qu'il semble connaître depuis un certain temps, il lui demande de ses nouvelles, ce qui laisse deviner qu'une ellipse temporelle importante sépare les scènes situées chez Mme Blanche des précédentes.

L'apparition de l'actrice est soigneusement mise en images : le plan où on la voit pour la première fois présente, à droite et à gauche de l'écran, deux diagonales, qui forment comme une sorte de V. La présence de l'actrice se devine d'ailleurs environ vingt secondes avant son apparition proprement dite : la paroi qui la dissimule aux regards laisse deviner le sommet de sa tête ; la fumée d'une cigarette s'élève au-dessus d'elle. Mais on ne prend

[20] Scénario manuscrit du *Grand Jeu*, p. 52 (FEYDROS, 21-B5).

vraiment conscience de sa présence que lorsque son visage devient visible. Que ce changement d'attitude corporelle soit suivi d'une première prise de parole n'est pas le seul indice d'un tournant dans le déroulement de la séquence. Entre les déclarations d'Aziani qui fulmine et la réplique de Mme Blanche passent quelques secondes de silence, difficilement explicables par des nécessités dramatiques, mais qui ont pour effet de signaler l'entrée en scène d'un personnage important.

Dite sur un ton indolent, cette réplique — « Vous allez vous donner chaud » — offre une caractérisation psychologique immédiate du personnage. À l'agitation et à la nervosité d'Aziani et de Clément, Mme Blanche répond par le calme, la maîtrise des émotions, un débit monocorde qui contraste avec la rapidité de celui de son interlocuteur — signes de son profond désintérêt à l'égard des êtres qu'elle côtoie et des événements en train de se produire[21]. Ainsi, elle propose au proxénète de prendre un verre alors qu'il n'est pas venu pour boire et qu'elle le sait parfaitement. Ce détachement feint ou réel la distingue également des personnages qu'on a eu l'occasion de découvrir lors des séquences précédentes, qu'ils appartiennent ou non à une catégorie sociale supérieure à la sienne : Pierre, le jeune homme irresponsable, Florence, la mondaine incapable du moindre sentiment, mais aussi Gustin (Pierre Larquey), le légionnaire qui refuse de voir en face son vieillissement. Aziani répond à Mme Blanche en levant son chapeau et en feignant de lui témoigner un respect qu'il n'a pas pour M. Clément.

La succession de différents angles de vue permet assez vite de rétablir l'organisation exacte de l'espace. Ce qui apparaît d'abord comme un V est en fait une sorte de séparation partiellement vitrée derrière laquelle Mme

[21] « Elle continue de s'occuper de ses mains sans même lever la tête » (Scénario manuscrit du *Grand Jeu*, p. 55, FEYDROS 21-B5).

Blanche se tient. Alors que le plan qui la montre pour la première fois adopte un angle insolite (la caméra est penchée), les plans qui suivent rétablissent un axe plus conforme à la perception habituelle des lieux. Un autre signe du statut spécifique de Mme Blanche est sa position physique qui se distingue de celle des deux hommes. Alors qu'ils restent tous deux debout (jusqu'au départ de M. Clément), elle demeure assise face à un guéridon et se peint calmement les ongles. Chacune de ses répliques vise à dédramatiser ce que lui dit Aziani et à relativiser les ennuis qui frappent M. Clément. Quand Aziani lui déclare s'inquiéter pour sa clientèle — il a repeint son établissement, mais les prostituées qu'il emploie sont toujours les mêmes —, elle minimise ses difficultés en déclarant qu'après trois mois de colonne, les légionnaires ne seront pas difficiles (l'arrivée de nouvelles prostituées a d'ailleurs été annoncée lors d'une séquence précédente où l'on voyait les légionnaires se reposer et parler entre eux). De même, lorsque le proxénète lui fait remarquer que son mari a la peau jaune, elle met cette coloration inquiétante sur le compte de la lumière.

La suite du dialogue ne fait que renforcer l'impression d'indifférence polie et de lassitude qui se dégage de ce personnage de femme « trompée et affectueuse, sensible et résignée », pour reprendre les termes d'un critique de *Pour Vous*[22], mais tout en laissant deviner que derrière ces traits ou mêlée à ceux-ci se cache une vraie force de caractère. Qu'Aziani tente de la complimenter en lui parlant de la beauté de sa peau et s'approche un peu trop près d'elle, elle lui laisse entendre sans se départir de son calme que ces flatteries ont peu d'impact sur elle, qu'elle refuse ses avances, de même que l'affectent peu les injonctions (et même les insultes) de M. Clément, auxquelles elle ne

[22] Lucien Wahl, *« Le Grand Jeu* (film parlant français) *», Pour Vous* n° 285, 3 mai 1934, p. 4.

prend même pas la peine de répondre. En effet, aucune des demandes prononcées par la voix hors-champ de celui-ci, sorti de la pièce et ayant ainsi mis un terme à sa discussion avec Aziani, n'est satisfaite. Qu'il s'agisse de savoir si Aziani est parti, ce qu'il demande deux fois avec ordre de répondre, ou d'obtenir de la glace, toutes ses tentatives pour adopter la posture du mari autoritaire, toutes ses requêtes se heurtent à un silence exaspérant. Ce n'est d'ailleurs pas un hasard si la caméra cadre désormais Mme Blanche et si la présence de M. Clément se réduit à sa voix : c'est elle qui apparaît comme le point central de la scène. Le plan, un plan de demi-ensemble, installe donc l'actrice dans une situation marquée à la fois par la centralité et l'isolement, avec, de chaque côté de celle-ci, un miroir, celui de gauche témoin du récent départ d'Aziani, celui de droite reflétant Mme Blanche absorbée par sa tâche. L'un se vide, l'autre reste habité. Cette image de la solitude semble en anticiper une autre, celle située à la toute fin du film, où elle reste seule après le départ de Pierre.

On le voit, l'arrivée de Françoise Rosay est triplement retardée : retardée dans le générique, retardée sur la durée totale du film, annoncée discrètement et retardée pendant la séquence où elle apparaît pour la première fois. La différence de traitement entre Rosay et le duo Bell-Richard-Willm, deux acteurs au physique séduisant, pourrait s'expliquer par ce que représentaient ces derniers dans l'échelle des valeurs de l'industrie cinématographique en 1934. Mais cette hypothèse est à nuancer. En effet, le générique est constitué de cartons en surimpression et le titre du film apparaît sur une image de jeu de cartes ; or cette image est liée au personnage joué par Françoise Rosay, ce qu'on apprend par la suite. La référence à l'héroïne apparaît donc à l'écran avant le nom de l'actrice qui l'incarne et en lien avec le titre ; la place de Mme Blanche se révèle alors centrale dans l'économie du récit, au point que Burch et Sellier la qualifient de « porte-parole du film[23] ». Et c'est bien son personnage qui détient les cartes du jeu, du « grand jeu » évoqué par le titre ; c'est sur sa physionomie abattue, dont s'éloigne peu à peu la caméra, que se termine le film. Enfin, c'est surtout elle qui est restée dans la mémoire des spectateurs, le jeu de Marie Bell et de Pierre Richard-Willm retenant moins l'attention et résistant par ailleurs moins bien au passage du temps. C'est ce dont témoignent les courriers d'octobre 1934 publiés dans la rubrique « La parole est aux spectateurs » de *Pour Vous*[24], ainsi que, quelques mois auparavant, un critique de la même revue, Lucien Wahl : « Marie Bell a trouvé là son meilleur rôle. P R.-Willm n'est pas moins bien, mais ce sont Charles Vanel et surtout Françoise Rosay vers qui doivent aller les plus chaleureux applaudissements[25] ».

Le tournage de *Macadam* a lieu une douzaine d'années après celui du *Grand Jeu*, dans un contexte artistique et historique bouleversé par de multiples facteurs. Pendant la Deuxième Guerre mondiale, Feyder et Rosay se sont exilés, Feyder en Suisse, Rosay en Algérie et en Angleterre. L'attitude du couple face à l'occupant est demeurée dépourvue d'ambiguïté ; contrairement à d'autres personnalités du monde du spectacle, ils ont refusé toute collaboration avec le régime de Vichy. Mais, alors que le statut d'artiste célèbre de l'actrice semble durablement consolidé (son activité artistique ne connaît

---

[23] Noël Burch, Geneviève Sellier, *La drôle de guerre des sexes du cinéma français (1930-1956)*, Paris, Nathan, 1996, p. 59.

[24] Collectif, « La parole est aux spectateurs : *Le Grand Jeu* », *Pour Vous* n° 307, 4 octobre 1934, p 3.

[25] Lucien Wahl, « *Le Grand Jeu* (film parlant français) », *Pour Vous* n° 285, 3 mai 1934, p. 4.

aucune éclipse), la mauvaise santé de Feyder entraîne ce dernier vers un déclin irréversible rendu encore plus douloureux par les succès de son ancien protégé, Marcel Carné. La guerre a aussi modifié les représentations en termes de genre. Après la défaite de 1940, perçue comme une humiliation infligée à des hommes incapables de défendre leur foyer, les écrans se peuplent de patriarches incapables de tenir leur rôle ou ne se rachetant qu'au dernier moment, tel Raimu dans *Les Inconnus dans la maison* (Decoin, 1941), ainsi que d'« hommes doux » (Jean Marais, Jean Desailly) se définissant par leur « refus d'un rapport de domination avec les femmes », tandis que les rôles féminins s'orientent principalement dans deux directions contradictoires : aux saintes toujours prêtes à se sacrifier, telle Gaby Morlay, la vedette du *Voile bleu* (Jean Stelli, 1942), répondent de façon plus innovante des personnages de jeunes femmes qui prennent en main leur destin et font face à leur désir[26]. La guerre une fois terminée, d'autres figures succèdent à celles-ci. Certaines sont marquées par une misogynie qui, sans être un phénomène entièrement nouveau (pensons aux « garces » incarnées avant la guerre par Viviane Romance ou Ginette Leclerc), s'exprime avec force après la Libération[27].

Certes, un changement politique décisif s'opère alors : le 21 avril 1944, à Alger, Charles de Gaulle signe une ordonnance « accordant » aux femmes le droit de vote ; un an plus tard, le 29 avril 1945, elles votent aux élections municipales et, en octobre de la même année, aux législatives (où les femmes représentent 9,64 % des

---

[26] Noël Burch, Geneviève Sellier, *op. cit.* ; la période de l'Occupation est l'objet des chapitres 2 à 9, p. 87-214.

[27] Concernant ces questions, nous nous sommes principalement appuyé sur l'ouvrage de Luc Capdevila *et alii*, *Sexes, genre et guerres (France, 1914-1945)*, Paris, Petite Bibliothèque Payot, 2010, et ponctuellement sur celui de Fabrice Virgili, *La France « virile » : des femmes tondues à la Libération*, même éditeur, 2004.

candidatures). Une photographie de l'époque montre une électrice dans un isoloir dont elle a tiré le rideau. On ne voit d'elle que ses jambes mais, à proximité de la cabine, un petit garçon et une petite fille, le visage levé vers elle, attendent qu'elle ait fini de mettre son bulletin dans l'enveloppe prévue à cet effet. Citoyenne ? peut-être, mais mère avant tout (l'année 1947 va d'ailleurs être une année exceptionnelle en termes de fécondité). Les mentalités évoluent peu : un ensemble de panneaux pédagogiques accroché aux murs des écoles à cette époque et intitulé *Le Ménage* met systématiquement la femme au centre de l'image[28]. La vie des femmes est donc loin d'être toujours facile. On estime qu'environ 20 000 femmes accusées de « collaboration horizontale » auraient été tondues entre 1943 et 1946 ; un certain nombre d'entre elles se retrouvent devant des cours de justice, accusées d'avoir dénoncé un proche à l'occupant ou d'avoir travaillé pour celui-ci. Ainsi, l'historienne Hélène Eck indique qu'un peu moins de 40 % des cas traités par la cour d'Orléans aurait alors concerné des femmes[29]. Le conflit a eu des répercussions parfois considérables sur la vie des familles, et les retrouvailles des épouses avec leurs maris qui sortent de captivité ne se déroulent pas toujours de façon heureuse. Comme cela avait été le cas en 1918, on assiste à une augmentation des taux de divorce.

Le scénario de *Macadam* est centré sur la personnalité de Mme Rose, propriétaire et gérante de l'hôtel Bijou à Montmartre, femme vulgaire et sans scrupules. Deux lignes narratives se déploient tout au long du film : tout

---

[28] Yannick Ripa, *Les Femmes en France : de 1880 à nos jours,* Paris, Éditions du Chêne / Hachette, 2007, p. 205.

[29] Hélène Eck, « Les Françaises sous Vichy : femmes du désastre, citoyennes par le désastre ? », in Georges Duby, Michelle Perrot (dir.), *Histoire des femmes en Occident, volume 5 : le XXe siècle*, Paris, Plon, 2002, p. 210.

d'abord, ses relations avec Victor Ménard (Paul Meurisse), un truand recherché par la police, qui se réfugie chez elle, qu'elle trahit pour lui dérober son butin et qui finit par l'assassiner ; ensuite, ses rapports avec sa fille Simone (Andrée Clément) que le mode de vie de sa mère révolte, et qui vit une histoire d'amour malheureuse avec François, un marchand forain (Jacques Dacqmine) — il finit par lui préférer Gisèle (Simone Signoret), une prostituée complice de Victor dans un premier temps, puis séduite par la perspective d'une existence différente avec François. Lors du dénouement, Simone tue Victor en légitime défense et devient l'élégante patronne de l'hôtel Bijou rénové.

Dans *Macadam*, la première apparition de Rosay, moins tardive que dans *Le Grand Jeu*, à quatre minutes du début du film, est précédée par les mentions que font d'elles Simone, dont le lien avec le personnage principal n'est pas encore précisé, et Paulette, une blanchisseuse qui vient rapporter du linge à l'hôtel Bijou où Simone vit et travaille. Immédiatement après le générique, Simone est montrée passant la serpillère à la main sous un évier afin de nettoyer la « crasse des autres ». Procédé utilisé une dizaine d'années avant dans *La Kermesse héroïque*, le personnage interprété par Rosay est mentionné dans les dialogues d'autres personnages avant d'apparaître à l'écran. À la blanchisseuse qui manifeste son étonnement de lui voir accomplir ce genre de besogne alors qu'elle est la « fille de la patronne », Simone répond qu'employer sa fille permet à « la patronne » (c'est la désignation qu'elle utilise) de faire des économies.

Comme dans *Le Grand Jeu* est mis en œuvre le procédé consistant à faire advenir un conflit que la suite du récit ne va pas exploiter, mais qui permet de dessiner les traits d'un milieu ou d'une personnalité : ici, celle de « la patronne ». Poursuivi par Armand, un employé de l'hôtel

(Georges Bever), un jeune homme (André Nicard) tente de fuir de l'hôtel en emportant des draps cachés sous son paletot. Il descend précipitamment l'escalier qui mène au hall de l'hôtel et s'arrête, comme tétanisé, son regard dirigé vers un objet situé hors-champ, tandis qu'un travelling avant le recadre, dramatisant ainsi l'arrêt brusque du personnage, dont on devine qu'il est motivé par l'irruption d'un nouvel élément dramatique.

C'est alors qu'un contrechamp fait apparaître Mme Rose, la directrice de l'hôtel, les mains sur les hanches, cadrée de façon inhabituelle : le bas de l'écran est occupé par le haut des jambes, la partie supérieure s'arrêtant à la naissance de la gorge. Le corps de Rosay occupe pratiquement tout l'écran. L'ensemble des informations délivrées par ces trois éléments — le dialogue des deux jeunes femmes, l'expression qui fige le visage du jeune homme, et en dernier lieu le plan qui coupe le corps de Rosay sans laisser voir son visage — brosse un premier portrait du personnage en le chargeant de traits négatifs. Un panoramique ascendant permet de découvrir le visage du personnage principal, sa coiffure, ses cheveux blancs, ses vêtements dépourvus d'élégance (Susan Hayward décrit à juste titre les toilettes du personnage conçues par le couturier Jacques Heim comme un « monument d'excès pailleté[30] »). Il y a là une vraie rupture par rapport aux films d'avant-guerre tournés sous la direction de Feyder, dans lesquels les personnages les moins élégants (Mme Blanche dans *Le Grand Jeu*, Flora la dompteuse dans *Les Gens du voyage*) gardaient une part de séduction. Dès le départ se manifestent sa capacité à prévoir toute situation (elle sait que le jeune homme qui fuit est un voleur, elle déboutonne elle-même son paletot pour lui reprendre les draps volés) et son autoritarisme (par le premier mot

[30] Susan Hayward, *Simone Signoret : The Star as Cultural Sign*, New York / Londres, Continuum, 2004, p. 74.

qu'elle prononce : « Stop ! », comme par la manière dont elle ordonne à son employé de reprendre les draps). La caméra, placée près du sol, met en valeur sa taille, plus élevée que celle des deux hommes.

L'échange qui suit, une fois Mme Rose sortie, entre Armand et le jeune homme, va confirmer la caractérisation déjà mise en place et livrer de nouvelles informations : Mme Rose a tué son mari quinze ans auparavant. Enfin, celle-ci réapparaît et le met à la porte en le traitant de « malhonnête » et de « voleur ». L'attroupement devant la porte de l'hôtel que son geste suscite lui fournit l'occasion de tenir un discours moralisateur sur les vices de la jeune génération (« Quelles crapules, cette jeune génération ! Encore un qui m'aurait dépouillée ! »), de mettre en avant son humanité (« Ben, parce qu'ils savent bien que j'ai pitié ! »), ainsi que sa vulnérabilité de femme sans mari (« Ah là là ! Une femme seule dans un commerce au jour d'aujourd'hui ! »). L'hypocrisie vient ainsi compléter la liste des traits négatifs dont le personnage est constitué. Notons au passage que la condamnation des comportements juvéniles, sans être un phénomène nouveau, est monnaie courante dans le cinéma de l'immédiat après-guerre. Même si Mme Rose est caractérisée négativement, on a donc tout lieu de penser qu'elle ne fait que reprendre une opinion largement partagée.

Un critique de *L'Écran français* reproche aux personnages de *Macadam* de n'être « que de lamentables pantins bourrés de son [qui] n'apportent aucun pittoresque nouveau et original à cette morne galerie de la pègre dont le cinéma a multiplié à plaisir les collections[31] » ; mais cette noirceur insistante est ici davantage qu'une simple convention. Elle trouve un écho dans le pessimisme parfois pesant de certains films contemporains. On pense

[31] Roger Régent, *op. cit.*, p. 6-7.

aux sinistres duos mère-fille interprétés par Jane Marken et Simone Signoret dans *Manèges* (Yves Allégret, 1949), puis par Danièle Delorme et Lucienne Bogaert dans *Voici le temps des assassins* (Julien Duvivier, 1956), ainsi qu'au couple criminel formé par Paul Meurisse et Simone Signoret dans *Les Diaboliques* (Henri-Georges Clouzot, 1955). Pareille noirceur est à mettre en relation avec l'état d'esprit d'une population soumise durant plusieurs années au rationnement et pour laquelle les blessures de l'Occupation étaient loin d'être cicatrisées. Sorti le 27 novembre 1946, le film a d'ailleurs eu un nombre de spectateurs non négligeable (2 742 018 entrées[32]).

Établir un lien précis entre le statut social des héroïnes et le mode d'apparition de Rosay à l'écran ne va pas de soi. On remarque toutefois que ce sont les personnages qui évoluent dans l'environnement le plus sordide, Mme Blanche (*Le Grand Jeu*) et Mme Rose (*Macadam*), qui ont droit à la mise en scène la plus étudiée, la plus remarquable. À l'inverse, l'apparition d'Édith Maranet, de tous ces personnages le plus haut placé socialement, ne donne lieu dans *Gribiche* à aucun effet de mise en scène. On peut interpréter ce choix, en ce qui concerne *Le Grand Jeu*, comme une stratégie visant à ce que l'actrice ne souffre pas trop de son voisinage avec d'autres comédiens prestigieux. Mais les exemples dont nous disposons ne sont pas assez nombreux pour qu'il soit possible d'en tirer des conclusions plus précises. Notons également que c'est sur l'image de ces deux personnages, Mme Blanche et Mme Rose, que, juste avant le générique de fin, se terminent les deux films : Mme Blanche accablée après le départ de Pierre condamné à une mort certaine, Mme Rose

[32] Chiffres fournis par Susan Hayward, *op. cit.*, p. 253, et empruntés à Simon Simsi, *Ciné-passions : 7ème art et industrie de 1945 à 2000*, Paris, Dixit, 2001.

déjà morte mais dont le portrait, installé dans le bureau de Simone désormais patronne de l'hôtel, se met à sourire lorsque l'employé Armand évoque ses parties de piquet avec elle — au cours desquelles elle le volait (comme Simone le lui rappelle) — et déclare les regretter.

Les marques de l'autorité

Multiples sont les signes qui révèlent la force et le caractère dominateur des personnages incarnés par Rosay, qu'elle travaille sous la direction de Jacques Feyder ou sous celle d'autres cinéastes. Seul *Jenny* (Marcel Carné, 1936) met au centre du récit une femme, Jenny Gauthier, vieillissante, abandonnée par son amant et dépassée par les événements qui surviennent autour d'elle. On privilégiera ici l'exemple de *Gribiche*, le plus ancien des films de notre corpus, pour évoquer ensuite plus rapidement les films tournés à des dates ultérieures, et montrer enfin comment l'autoritarisme peut se révéler moins efficace que prévu.

Dans *Gribiche*, une riche Franco-Américaine, Édith Maranet, veuve d'un diplomate, décide de prendre sous son aile le petit Antoine Belot (Jean Forest, déjà acteur dans *Visages d'enfants*) afin de lui donner une éducation que son milieu d'origine, un milieu d'ouvriers aisés, ne peut lui fournir. Gribiche va accepter à contre-cœur cette offre afin de faciliter le remariage de sa mère, veuve de guerre, avec le contremaître Philippe Gavary (Rolla Norman). L'extrême rigidité des conceptions éducatives d'Édith Maranet va se trouver rapidement mise en échec par l'intelligence et la vivacité du jeune garçon. Édith finit par comprendre ses erreurs, et Gribiche retourne vivre auprès de sa mère et de son beau-père. Dès le début du film, le statut social d'Édith Maranet est clairement signifié. Dans une des toutes premières scènes, on la voit chez elle descendant un escalier ; elle se retrouve encadrée par deux serviteurs en livrée. Un petit chien tente de la suivre, une femme de chambre le rattrape et lui fait remonter l'escalier. Elle est régulièrement entourée de personnes à son service ; son sac à main porte ses initiales. Au magasin des Trois Quartiers où Gribiche la rencontre pour la première fois, elle est assise à un comptoir, et non debout comme les autres clientes, se faisant essayer un gant par une vendeuse. C'est précisément la conscience de cette assise sociale (et peut-être aussi le sentiment de vide laissé par une existence sans mari ni enfant) qui l'incite à vouloir remplir un rôle éducatif.

Un peu plus tard, on la voit arriver d'un pas assuré dans la pouponnière qu'elle dirige, avec une démarche sans grâce. La couleur blanche omniprésente (les murs de la pouponnière sont blancs, le personnel de la pouponnière est lui aussi en blanc) rappelle au regard que le blanc est la couleur de l'hygiène. Elle, en revanche, porte des couleurs sombres, choix qu'on peut expliquer par sa situation de veuve. Elle adresse des sourires à un enfant dans un berceau ; suivie de deux personnes (un homme qui semble être un médecin et une infirmière) qui lui font leur rapport, elle pointe du doigt un jouet tombé sur le sol que la puéricultrice ramasse et remet dans un berceau. De même, pendant la conférence qu'elle donne et où elle évoque le danger que représente la prolifération des bactéries, elle ordonne du geste à une infirmière d'apporter un chaudron où sont conservés des tubes. Cette gestuelle, à mettre également en relation avec le fait que le film est muet, est un élément de son autorité. On comprend par ailleurs que ses serviteurs la craignent : lors d'une des dernières séquences du film, ils n'osent lui révéler la fugue de Gribiche le soir du 14 juillet, eux-mêmes étant en faute (ils sont sortis en douce pour aller faire la fête). De façon générale, c'est Édith Maranet qui apparaît comme le moteur de l'intrigue, elle qui décide d'adopter le petit Antoine Belot *alias* Gribiche dans le film éponyme afin de le rééduquer conformément aux normes de la grande bourgeoisie — avant que l'enfant ne lui échappe complètement.

Habileté suprême, l'aptitude à dominer peut revêtir les habits de la supériorité morale. Si Mme Blanche pas plus que Mme Rose, qui dirigent toutes deux des hôtels sordides, ne peuvent revendiquer semblable position, il n'en va pas de même de la riche Édith Maranet. Alors que sa haute situation sociale ne la contraint pas à devoir travailler, elle s'occupe activement d'œuvres sociales, ce qui lui permet de réunir pouvoir moral et pouvoir économique. La leçon que le film suggère est que le second conditionne le premier (acquis par son action en faveur de l'« hygiène sociale »), en en faisant un signe de luxe supplémentaire qui s'ajoute au luxe matériel, ce qui a toutefois pour effet d'en fragiliser et d'en compromettre la valeur.

Rappelons par ailleurs que les professions les mieux acceptées pour les femmes dans l'entre-deux-guerres s'inscrivent en règle générale dans le prolongement de la conjugalité et de la maternité : sage-femme, institutrice, assistante sociale (métier pour lequel un diplôme spécifique est créé en 1933), ou alors dactylographe, employée des Postes[33]. Les femmes de milieux favorisés qui s'ennuient ou veulent se rendre utiles se lancent parfois dans l'action sociale. Cet intérêt pour les catégories les plus défavorisées obéit à des motivations variées. Le voyeurisme et l'attrait pour les bas-fonds se substituent parfois au désir de justice sociale, comme le rappelle quelques décennies plus tôt, en 1888, Émile Gautier en parlant de sa visite des prisons : « Nous avons

---

[33] Christine Bard, *Les Femmes dans la société dans la société française du 20e siècle*, Paris, Armand Colin, 2003, p. 63-64.

tous, peu ou prou, un incoercible goût pour l'horrible, l'anormal et le monstrueux[34] ». Si la volonté d'arracher les femmes aux difficultés de leur condition s'enracine dans des convictions idéologiques chez les féministes, les initiatives à contenu social de certains secteurs de la haute société peuvent également s'interpréter comme des réactions de peur apparues à la fin du XIXe siècle, face à la menace que représenteraient les « classes dangereuses » et au retentissement de la théorie de la lutte des classes, comme des tentatives pour y répondre et discréditer ainsi l'ennemi politique. Il s'agit d'une pratique valorisée, qui s'inscrit souvent, même si ce n'est pas nécessairement revendiqué comme tel, dans une optique chrétienne d'aide aux plus malheureux. Citons à titre d'exemple « le mouvement des Équipes sociales, fondées en 1921 par le jeune philosophe catholique Robert Garric [qui] encourage les jeunes diplômés à investir les quartiers populaires[35] ». Ainsi, à plusieurs reprises, Édith s'empresse de raconter à des connaissances sa rencontre avec Gribiche. Trois versions de l'événement se succèdent. Le récit d'Édith commence à chaque fois par : « J'étais allée me commander quelques paires de gants… », ce qui produit un effet d'itération et laisse deviner que l'épisode se reproduit régulièrement[36].

---

[34] Dominique Kalifa, *Les bas-fonds : histoire d'un imaginaire*, Paris, Seuil, coll. ''L'Univers historique'', 2013, p. 229.
[35] Dominique Kalifa, *ibid.*, p. 281.
[36] Ces versions successives ont été étudiées par Marcel Oms dans son article « L'esprit du cinéma », *Les Cahiers de la Cinémathèque* n° 40, p. 29-34, ainsi que par Marc-Emmanuel Mélon, « Gribiche, ou la leçon de choses : note pour une théorie de l'allégorie au cinéma », in Jean A. Gili, Michel Marie (dir.), *1895*, n° spécial J. Feyder, 1998, p. 83.

La première version est délivrée à des amis au restaurant, cette séquence étant montrée en parallèle avec celle de la foire de Neuilly où se rendent Gribiche, sa mère et leurs amis ; la deuxième, chez elle, devant cinq amies ; la troisième, au golf. Le caractère mélodramatique des récits augmente d'une version à l'autre, chacune étant présentée sous forme de flash-back. Si la première est encore relativement proche de la réalité — Édith insiste sur le fait, vrai ou inventé par elle, qu'elle n'a pu faire accepter aucune récompense à Gribiche, ce qui suscite l'admiration de ses deux auditeurs —, dans la deuxième et la troisième, en revanche, le jeu des acteurs est délibérément outré, ce qu'on peut interpréter à la fois comme la marque de l'ironie de Feyder à l'égard du personnage et comme une critique visant les tendances mélodramatiques du cinéma de l'époque et le jeu outré de certains comédiens.

Dans la deuxième version, Gribiche trouve le sac d'Édith alors qu'il a faim et qu'il stationne devant la devanture d'une boulangerie ; un moment tenté d'en profiter, il se ressaisit et rend le sac. La scène inventée de toutes pièces est d'ailleurs racontée, dans le salon où Édith Maranet reçoit des invitées, devant Gribiche. Celui-ci, précédé par un serviteur venu le chercher à la demande de sa protectrice, s'est joint au groupe et a exécuté les salutations qui lui ont été apprises. Cette exhibition doit servir à démontrer la capacité d'Édith à rééduquer le jeune garçon, l'efficacité de son « dressage », alors que le jeune garçon connaît le caractère mensonger de ce récit et que, comme un intertitre le précise, il déteste ce rôle de chien savant qu'on exhibe et qu'il est contraint d'endosser. Mais cette mise en scène permet à Édith de renforcer son image de bienfaitrice face aux membres de la grande bourgeoisie qu'elle fréquente. Or l'attitude de Gribiche ruine tous ses efforts. Tout en simulant le mélange de distinction et de docilité qu'on attend de lui, il profite de cet instant où l'attention des invitées est captivée par le récit d'Édith pour manger les toasts préparés en leur honneur. Édith le remarque, et son regard exprime, puis dissimule, la gêne qu'elle ressent face à l'attitude de son protégé. Attitude diamétralement opposée au portrait qu'elle vient de dresser de lui, mais suffisamment habile pour préserver les apparences.

Dans la troisième version, les gestes exagérés des acteurs, leurs bras tendus, l'aspect sordide des lieux où Gribiche et sa mère (agonisante, de surcroît) sont censés vivre participent de la même veine ironique. Par ailleurs, au moment où, sur le terrain de golf, un ami d'Édith demande à Gribiche comment il a rencontré sa protectrice et alors que le jeune garçon s'apprête à répondre, celle-ci lui coupe la parole pour imposer son propre récit. Cette scène s'oppose en tous points à une autre scène, lorsque les amis de la mère de Gribiche écoutent le récit de celui-ci au restaurant et prêtent attention à la parole du jeune garçon. De même, c'est lui, et lui seul, qui décide d'accepter la proposition éducative d'Édith Maranet, pensant ainsi contribuer au bonheur de sa mère qui souhaite se remarier ; et celle-ci respecte, certes à contre-cœur, sa décision. Deux modes d'éducation sont ainsi opposés : un mode autoritaire et un mode plus subtil, où est préservée l'autonomie de l'enfant.

La presse de l'époque n'a pas manqué de souligner la réussite de ces scènes où le souvenir se déforme progressivement[37]. Jean Margueritte, dans *La Volonté*, insiste sur le comique qui naît de l'effet de répétition : « On rit, dès que cette Américaine dit : ''J'avais été acheter quelques paires de gants…'' car nous prévoyons

---

[37] Les coupures de presse dont sont extraites les citations qui suivent proviennent du fonds Feyder-Rosay de la Cinémathèque française (FEYDROS 19-B4).

que la misère du pauvre enfant augmentera en raison directe du plaisir que prend Mme Maranet à raconter chaque fois différemment l'adoption du petit garçon[38]. » On retrouve la même tonalité dans *Le Journal des débats* : « Son souvenir se déforme, elle dramatise sa rencontre avec l'enfant [...], et l'on sait que dramatiser, c'est très souvent rendre grotesque. Aussi voyons-nous sur l'écran, en images, ce qu'elle dit, et rien n'est plus amusant que cette charge intelligente[39]... » Le journaliste du *Peuple* signale lui aussi à ses lecteurs « l'histoire chaque fois enjolivée de l'adoption de Gribiche, que Mme Maranet se plaît à raconter[40] ». Le fait que ces récits successifs soient relatés exclusivement par l'image est salué comme un accomplissement sur le plan esthétique : « Mme Maranet aime raconter comment elle l'adopta, mais ses souvenirs se sont dramatisés [...] Là les images caricaturent superbement l'imagination de la belle narratrice », le même journaliste louant par ailleurs la « sobriété » et la « rareté » des « sous-titres », « les mots projetés sur l'écran ne sont pour presque rien dans [l]a peinture du personnage[41] ». B., un journaliste de La *Tribune de Genève*, qualifie pour sa part de « trouvaille » le fait que ces récits soient faits devant Gribiche qui se gave de friandises[42]. Plus intéressant, le critique du *Populaire* souligne la finesse d'observation du cinéaste. Feyder a le mérite, selon lui, d'avoir évité toute caricature dans le portrait qu'il dessine d'Édith Maranet : « Elle invente, elle grossit, toujours sincèrement. Peu à peu son imagination

---

[38] Jean Margueritte, « ''*Gribiche*'' ou ''J'avais été acheter quelques paires de gants'' », *La Volonté*, 6 novembre 1925, [s. p.].
[39] Lucien Wahl, « *Gribiche* », *Journal des Débats*, 6 novembre 1926, [s. p.].
[40] Fred Éric, « *Gribiche* », *Le Peuple*, 13 novembre 1925, [s. p.].
[41] Anonyme, « *Gribiche* », *Information*, 13 novembre 1925, [s. p.].
[42] B., *La Tribune de Genève*, 19 mars 1926, [s. p.].

crée et modifie de telle sorte que ce qu'elle dit nous le voyons en images exagérantes. » Victime de ce qu'on pourrait désigner comme un aveuglement de classe, Mme Maranet « n'est point égoïste, mais elle ne comprend pas, et voilà tout[43]. »

Parmi les autres marques d'autorité associées au personnage figure l'attitude corporelle. Édith nous est montrée écrivant, lunettes sur le nez, avec, derrière son bureau, des étagères remplies de livres. Lors de la conférence qu'elle donne au début du film, on la voit entrant dans la salle à grandes enjambées. Au mur, on aperçoit un graphique ; dans la salle, un tableau noir, des tables, du matériel médical. Elle s'assoit, verre et carafe d'eau devant elle : ce sont les accessoires traditionnels du conférencier. Derrière elle, des affiches : « Suivez ces conseils, vous vivrez plus longtemps » / Comité National de Défense contre la Tuberculose. Elle remet ses lunettes. Un contrechamp montre l'auditoire quasi exclusivement féminin (à l'exception d'un homme âgé) qui l'applaudit. Elle adresse des questions à son auditoire avec autorité, en levant l'index. En consultant ses notes et en manipulant des feuillets, elle lève les sourcils, signe de sérieux et de concentration. Comme le remarque Marc-E. Mélon, « l'un des moyens que Feyder utilise pour construire sa satire consiste à créer un écart très perceptible entre l'image et le discours [...] Le discours, dans *Gribiche*, c'est l'expression de la bonne conscience bourgeoise qui s'incarne explicitement dans le personnage d'Édith Maranet dont la parole, d'un bout à l'autre du film, est la principale activité[44]. »

Rappelons que ce type de personnage correspond à la réalité d'une époque qui se préoccupe d'hygiène et cherche à améliorer les conditions sanitaires dans

---

[43] Charles Jouet, *Le Populaire*, 26 octobre 1927, [s. p.].

[44] Marc-Emmanuel Mélon, *op.cit.*, p.82.

lesquelles vit la population française. Ces préoccupations ne sont pas totalement nouvelles. Comme le rappelle Roger-Henri Guerrand, de nombreux observateurs (architectes, médecins, hommes politiques) avaient dénoncé au XIXe siècle l'insalubrité où vivait la population pauvre[45]. Ainsi, en 1920 est instauré le ministère de l'Hygiène, de l'Assistance et de la Prévoyance sociale ; en 1925 est fondé le Comité d'éducation féminine de la Société de prophylaxie[46]. Sont alors instaurées de nouvelles normes hygiénistes très contraignantes qu'il est souvent bien difficile de respecter, tant pour des raisons de temps que d'argent[47]. Mais si des progrès restent à accomplir, on note toutefois une nette régression de la mortalité maternelle et de la mortalité infantile. Édith Maranet est donc une représentation (sans doute caricaturale) de ce militantisme prophylactique : ainsi, elle interdit à son petit protégé Antoine Belot et à son personnel de participer aux festivités du 14 juillet, désormais considérées comme « antihygiéniques ».

À l'autoritarisme s'ajoutent chez Édith Maranet une profonde maladresse et une trop grande confiance en elle. Lorsqu'elle se retrouve dans sa voiture avec Gribiche qui vient de quitter le foyer maternel, elle se met à l'observer à la dérobée ; elle semble s'inquiéter de l'état d'esprit du garçon, mais une réponse rassurante de celui-ci lui suffit. Dans une autre séquence, elle donne à Gribiche une institutrice anglaise (Alice Tissot) pour l'emmener au parc où il se retrouve avec des enfants en bas âge. Face à cette situation infantilisante, Gribiche préfère la rencontre avec des camarades de son âge, rencontre immédiatement

---

[45] Roger-Henri Guerrand, « Espaces privés », in Philippe Ariès, Georges Duby (dir.) *Histoire de la vie privée, 4. De la Révolution à la Grande Guerre*, Paris, Seuil, 1987, p. 356-411.

[46] Christine Bard, *op.cit.*, p. 36-37.

[47] Christine Bard, *ibid.*, p. 49.

interrompue par l'institutrice. Enfin, quand Gribiche découvre que son courrier est ouvert par sa protectrice, il se révolte. Le domestique doit éteindre la lumière alors que Gribiche lit la lettre de sa mère où elle lui annonce son mariage. Le mariage de celle-ci et l'extinction de la lumière apparaissent comme deux formes de séparation d'avec la mère.

Mme Blanche, l'aubergiste du *Grand Jeu*, vit dans un univers social aux antipodes de celui d'Édith Maranet. L'hôtel qu'elle tient dans une localité du Maroc est infesté de mites ; le légionnaire Nicolas Ivanoff (Sacha Pitoëff), compagnon de Pierre, le personnage principal, en a sur ses vêtements et dans son armoire. L'établissement fait également office de maison de passe. Mais elle dirige ses domestiques avec une fermeté comparable. Une scène le montre : une servante lui vient apporter l'argent donné par un client ; alors que celle-ci le recompte, Mme Blanche s'impatiente, l'incite à se dépêcher (« Grouille-toi »), à reprendre son travail au plus vite. Cette impatience est aussi à mettre sur le compte de sa lassitude, de son dégoût pour la vie qu'elle mène. De même, Louise Noblet, la patronne de la « pension Mimosas », use d'un ton très directif avec le vieil employé qui laisse tomber trop bruyamment les chaussures cirées devant la porte des chambres ou qui hésite à donner au porteur de l'autre hôtel, le Palace, les valises d'un client chanceux au jeu (qui peut donc se permettre un meilleur hébergement). Son attitude est identique avec la femme de service qu'elle emploie dans sa pension et à qui, à travers une surface vitrée qui étouffe sa voix, elle demande avec de grands gestes de nourrir les oiseaux. Précisons que la surface en question n'apparaît qu'une seule fois dans le film et n'y joue pas un grand rôle. La comparer, comme le fait Barry

Nevin[48], au panoptique décrit par Foucault dans *Surveiller et punir* n'apporte donc pas à notre sens d'élément décisif à la compréhension de l'œuvre. Quant aux rapports avec les clients, ils sont loin d'être toujours détendus, Louise devant quelquefois insister pour se faire payer, en particulier auprès d'une vieille Comtesse interprétée par Sylviac, la mère de l'actrice.

Tous les personnages joués par Rosay dans les films de notre corpus ont une activité professionnelle, mais sans jamais occuper de position subalterne ; ce ne sont jamais non plus de simples femmes au foyer, même lorsqu'elles n'ont pas de rôle professionnel officiel. Mme Blanche (*Le Grand Jeu*) dirige, on l'a vu, une auberge avec son époux (Charles Vanel) en Afrique du Nord ; Louise Noblet (*Pension Mimosas*) gère seule une pension de famille, le mari (André Alerme) pratiquant le métier de croupier ; Flora, l'héroïne des *Gens du voyage*, exerce la profession de dompteuse de fauves dans un cirque ambulant (le film est ponctué de plans montrant des ouvriers en train d'installer des tentes). La liste de ses costumes[49] comprend un pyjama, un peignoir, un pantalon, un costume de dompteuse avec une cape, une tenue de chasseur, une « veste de cuire [*sic*] marron », à quoi s'ajoute une « robe élégante » suivie d'un point d'interrogation. Ceci fait d'elle un des personnages les moins conformes aux règles de l'élégance féminine parmi ceux que Rosay interprète.

Flora revendique son autonomie vis-à-vis du directeur du cirque, Édouard Barlay[50] (Guillaume de Sax). Alors

---

[48] Barry Nevin, « "Elle t'aime trop, et moi, pas assez" : Jacques Feyder's Melodramatic *mise en scène* of Female Desire in *Pension Mimosas* (1935) », *French Studies*, vol. 73-2, 2019, p. 204.

[49] Cette liste figure sur des feuilles volantes partiellement écrites à la main en annexe du scénario tapé à la machine des *Gens du voyage* (FEYDROS, 37-B7).

[50] La famille Barley (Édouard le père et ses deux filles, Yvonne et Suzanne) porte le nom de Winter dans la version manuscrite du

que celui-ci refuse la liaison de Marcel (Fabien Loris), le fils de Flora, avec sa fille Yvonne (Sylvia Bataille), elle offre son soutien aux deux jeunes gens. Les quatre personnages que joue l'actrice dans *Une femme disparaît* ont tous une activité rémunérée : Fanny Helder est une comédienne de théâtre, Tona une servante qui fait office de chef d'exploitation agricole ; les deux autres sont une enseignante et une batelière.

Seule Cornélia, la Bourgmestre de *La Kermesse héroïque*, n'a pas de véritable métier, mais elle est montrée d'emblée comme l'épouse d'un notable — « Madame le Bourgmestre » — et comme une mère de famille et une maîtresse de maison en pleine action, réagissant aux multiples sollicitations de la vie domestique. Elle gronde la fillette qu'elle vient de laver puis la confie en souriant à une servante, console un bébé en train de pleurer, répond aux questions des domestiques en leur donnant diverses instructions et sermonne sa fille Siska qui reste songeuse au lieu de faire reluire un ensemble de bibelots. Elle sait faire preuve de sang-froid au moment critique. Lorsque Siska pleure devant elle après l'échec de la demande en fiançailles de Breughel (Bernard Lancret) auprès du Bourgmestre, et que la servante présente avec elle fond également en larmes, elle rappelle à celle-ci que pleurer « n'arrangera pas les choses ». De même, quand, avant l'arrivée de l'armée espagnole dont la population redoute la violence, Siska et Breughel évoquent leur mort prochaine, elle interrompt leur conversation et se moque de Breughel à qui elle propose des sels. Autoritaire et sensible à la fois, elle peut également faire preuve d'injustice. Ainsi, elle reproche leur attitude indisciplinée à une servante et à son jeune

---

scénario (FEYDROS, 35-B11), puis celui de Walter dans la version dactylographiée des *Gens du voyage*, jusqu'à un stade avancé de l'écriture du film, donc (FEYDROS, 37-B7).

fils, alors que seul ce dernier, Ambroise (Bernard Optal), est à l'origine de la perturbation passagère qui interrompt le travail de la jeune fille. Mais ce trait, qui fragilise son image, contribue aussi à la rendre humaine. L'actrice parvient ici à exprimer en quelques instants une grande variété d'émotions et d'attitudes différentes — autorité, colère froide, attendrissement et douceur consolatrice, émotion, enthousiasme, amertume enfin lorsque sa fille lui rappelle involontairement l'échec de sa vie conjugale. Ce changement incessant est à relier à la tonalité générale du film, à sa légèreté, ainsi qu'à la complexité de certaines situations qui contraint le personnage de Cornélia à jouer des rôles variables en fonction du personnage auquel elle s'adresse. Lorsque l'arrivée de soldats espagnols fait craindre le pire, elle prend la direction des affaires de la ville, marchant ainsi dans les traces de la Lysistrata d'Aristophane, l'une voulant mettre fin au conflit entre Athènes et Sparte, l'autre éviter un bain de sang à la ville de Boom. À ses côtés, se trouvent des femmes qui participent à l'activité professionnelle de leur mari. L'épouse de l'aubergiste (Ginette Gaubert), celle du brasseur (Marguerite Ducouret), la poissonnière (Lyne Clevers) et la boulangère (Maryse Wendling) prennent alors la relève de Cléonice, Lampito et Myrrhine, les compagnes de combat de la courageuse Athénienne imaginée par le dramaturge grec cinq siècles avant Jésus-Christ[51], alors que fait rage la guerre du Péloponnèse.

Mais que l'intrigue du film se déroule au XVIIème siècle importe finalement assez peu. Même si décors et costumes ont été conçus en respectant scrupuleusement la mode de l'époque, il s'agit avant tout d'une fantaisie historique dont on peut considérer qu'elle nous parle d'abord et avant tout de la France de 1935 et de la

---

51 Remerciements à Mme Raphaëlle Moine pour nous avoir suggéré ce rapprochement entre *La Kermesse héroïque* et *Lysistrata*.

condition des femmes à cette date. De ce point de vue, ce n'est donc pas un hasard si, lors d'une réunion féministe à laquelle l'actrice a participé (et dont nous parlerons ultérieurement), un extrait du film — le discours de Cornélia aux femmes de Boom — a été projeté. Ajoutons que Françoise Rosay a tourné certains films de notre corpus en deux versions, une française et l'autre allemande, alors que cette pratique, courante au début du parlant, avait commencé à décliner quand ces films ont été réalisés. C'est le cas de *La Kermesse héroïque* (titre allemand : *Die klugen Frauen*) et des *Gens du Voyage* (*Fahrendes Volk*). Une analyse comparative des deux versions de chaque film nous permettrait de savoir si la Bourgmestre et la dompteuse de fauves font montre de la même autorité dans les versions allemandes, mais ce n'est pas notre propos ici.

De façon générale, tous les personnages que joue Françoise Rosay, sauf la Flora des *Gens du voyage*, ont du personnel à leurs ordres (domestiques, serviteurs, bonnes…), à cette nuance près que la Bourgmestre participe activement, comme on l'a signalé, aux travaux domestiques, ce qui donne à ses relations avec les serviteurs un aspect moins distant que les rapports d'Édith Maranet avec son personnel. Cette activité professionnelle, qui rend ces femmes indispensables aux hommes (ils ont toujours besoin d'elles, et pas seulement sur le plan affectif), leur permet de consolider leur pouvoir. Ajoutons que, sur le plan de la réalité historique, il est généralement admis que la Grande Guerre a fourni aux femmes l'occasion d'acquérir davantage d'autonomie. Les femmes d'avant 1914 étaient-elles pour autant toutes enfermées dans leur foyer ? C'est du moins l'avis de Françoise Rosay, comme elle ne manque pas de le rappeler dans ce passage de son autobiographie (qui prend toutefois comme référence la Deuxième Guerre mondiale) : « Maintenant [en 1974], les femmes travaillent beaucoup plus à l'extérieur, elles peuvent peut-être s'arracher à leur douleur [de voir les hommes tués à la guerre] mais avant la guerre, la dernière [1939-1945], elles étaient surtout des ménagères, elles se préoccupaient des enfants qu'elles avaient élevés et des maris avec lesquels elles avaient vécu[52] », et Michèle Zancarini-Fournel rappelle que « longtemps, l'événement [la Première Guerre mondiale] a été considéré comme une véritable rupture qui aurait représenté l'entrée des femmes dans l'industrie et les bureaux[53]. »

Or les historiens nous incitent à relativiser ce point de vue. À une époque où vivre de ses rentes devenait de plus en plus difficile, les mentalités évoluaient concernant le travail féminin. En 1906, plus du tiers des femmes (36 % environ) travaillent ; le pourcentage s'élève à 60 % pendant la guerre de 1914 ; 77 % des femmes nées entre 1917 et 1924 ont travaillé avant 35 ans[54]. S'il y a bien eu pendant cette période une « expansion du salariat féminin », expansion parfois difficile à accepter par les contemporains en raison d'« une longue tradition de refus des activités féminines hors de la maisonnée », les changements apportés par la guerre n'ont donc « pas marqué une véritable césure par rapport à la période précédente[55] » selon Luc Capdevila. Pour Michèle Zancarini-Fournel, « …on peut désormais affirmer que la guerre a été un accélérateur pour le travail des femmes

---

[52] Françoise Rosay, *op. cit.*, p. 243.

[53] Michèle Zancarini-Fournel, *Histoire des femmes en France, XIXe-XXe siècles*, Rennes, Presses universitaires, 2005, p. 54.

[54] Christine Bard, *op. cit.*, p. 20.

[55] Luc Capdevila *et alii*, *op. cit.*, p. 67, 225 et 62 pour ces trois citations consécutives.

dans l'industrie et dans les bureaux[56] », mais seulement un accélérateur. Enfin, si l'on peut dire comme Michelle Perrot : « Faut-il le rappeler ? Les femmes ont toujours travaillé[57] », Yannick Ripa rappelle cependant que le travail des femmes a été longtemps ignoré. « …La mixité évidente de l'espace contrarie la théorie des sphères — aux hommes le public, aux femmes le privé. Comment alors comprendre cette invisibilité des femmes au travail si ce n'est comme la volonté de cantonner le féminin à la procréation et de survaloriser le masculin[58] ? »

Il n'en demeure pas moins que cette activité rémunérée à l'extérieur du foyer familial est alors perçue comme inquiétante. Les syndicalistes ouvriers voient d'un mauvais œil l'arrivée de cette main-d'œuvre sur un marché du travail essentiellement masculin. En effet, les salaires féminins, qui restent bien inférieurs aux salaires des hommes, font des femmes des concurrentes déloyales. Remarquons toutefois que la question de la concurrence entre hommes et femmes au travail ne se pose pas pour les héroïnes de Feyder : toutes, sauf Flora, la dompteuse des *Gens du voyage*, commandent et dirigent ; si quelques-unes ont des origines populaires, aucune n'exerce un emploi qui permette de la rattacher au monde ouvrier. En outre, et pour revenir à la réalité historique, il est probable que l'importance quantitative des femmes au travail demeure sous-estimée par les statistiques ; beaucoup s'activent dans l'économie informelle, et les chômeuses dont le mari ou les parents travaillent ne sont pas recensées.

---

[56] Michèle Zancarini-Fournel, *op. cit*, p. 54-55.

[57] Michelle Perrot, « De la nourrice à l'employée. Travaux de femmes dans la France du XIXe siècle », *Le Mouvement social* n° 105, 1978, p. 3.

[58] Yannick Ripa, *op. cit.*, p. 55.

Cette activité féminine n'est pas seulement une réalité sociale, elle revêt aussi dans les films une fonction narrative et esthétique. En effet, les personnages sont à différentes occasions montrés en train de converser avec d'autres alors qu'ils remplissent leurs obligations professionnelles ou domestiques. Blanche participe à la conversation entre son mari et le proxénète local, mais ce qui la préoccupe au premier chef est de se peindre les ongles (*Le Grand Jeu*) ; Louise Noblet se querelle avec son mari tout en faisant la comptabilité de la pension qu'elle dirige (*Pension Mimosas*) ; Cornélia la Bourgmestre discute avec sa fille Siska des fiançailles de celle-ci tandis qu'elle s'active dans la cave de sa demeure (*La Kermesse héroïque*) ; Flora la dompteuse échange quelques mots avec son fils alors qu'elle essaie de nourrir un lionceau au biberon (*Les Gens du voyage*). Or, comme le souligne James Naremore,

> « un important principe du jeu réaliste, emprunté au théâtre, est de mettre [l]es personnages dans des situations *où ils parlent de quelque chose tout en faisant autre chose*... [souligné par l'auteur] Si le scénario ne spécifie pas une quelconque combinaison de dialogue et d'action, les meilleurs acteurs essaient en général d'inventer quelque chose ou encore utilisent l'action la plus simple en contrepoint rythmique au dialogue[59] ».

Ajoutons que, outre ce principe de jeu, Feyder avait voulu créer un décalage, spécialement dans *Pension Mimosas*, entre les gestes, comme reflets des pensées, et les paroles des personnages qui devaient donner l'impression de « parler l'esprit ailleurs[60] ». Quoi qu'il en soit, ces femmes extrêmement actives à qui Françoise

---

[59] James Naremore, *Acteurs : le jeu de l'acteur de cinéma,* trad. Christian Viviani, Rennes, Presses universitaires, coll. "Le Spectaculaire", 2014, p. 55.

[60] Barry Nevin, « Framing "l'Âme des personnages". Perception et Affect in Jacques Feyder's "Pension Mimosas" (1935), *Australian Journal of French Studies,* vol. 57, n° 2, 2020, p. 224.

Rosay prête corps ne parviennent pas toujours à atteindre leurs objectifs. Leur volontarisme connaît des limites et peut se retourner contre elles. Ainsi, l'entêtement de Mme Maranet à vouloir rééduquer Gribiche selon une discipline quasi-militaire se termine par un aveu d'impuissance, cependant que le frère new-yorkais de l'héroïne la met en garde contre la tentation de vouloir à tout prix régenter l'existence des autres : « Organiser le bonheur d'autrui est un problème subtil et parfois décevant ». L'enfant se révolte ; le désordre s'installe même dans le petit monde de serviteurs sur lequel elle règne. Elle prend encore davantage conscience de son insuccès, de l'erreur qu'elle a commise en séparant Gribiche d'une mère aimante et dévouée, en lisant les différents brouillons de la lettre que Gribiche lui laisse, ces brouillons successifs traduisant les hésitations et les tourments qui affectent le jeune garçon, une succession de gros plans montrant les morceaux de papier chiffonnés par l'enfant et le visage d'Édith Maranet. Celle-ci apparaît alors comme un Pygmalion raté.

On retrouve un interventionnisme comparable, cependant mis en œuvre avec des moyens plus modestes, chez Louise Noblet dans *Pension Mimosas*, quand elle adresse une lettre à Romani (Jean-Max), le « protecteur » de Nelly, afin qu'il sache où vit la jeune femme, qu'il vienne la chercher et la sépare de Pierre, le filleul de Louise (Paul Bernard). Louise conduit l'homme vers la chambre de Nelly et, une fois la porte refermée, tend l'oreille aux éclats de voix qui lui parviennent. Le stratagème réussit, mais au grand désespoir du jeune homme, ce qui a pour effet de l'éloigner affectivement de sa « marraine ». Même lorsque les stratégies mises en œuvre par l'héroïne réussissent, le succès peut acquérir une teinte mélancolique. Ainsi, dans *La Kermesse héroïque*, Cornélia parvient à éviter tout conflit entre la troupe espagnole et les habitants de Boom et réussit par la même occasion à marier sa fille Siska (Micheline Cheirel) ; mais c'est pour mieux retrouver, une fois le duc d'Olivarès (Jean Murat) parti, une vie conjugale particulièrement terne.

De même, en ce qui concerne les activités « professionnelles » de Mme Rose, la détermination et l'habileté de celle-ci, dans *Macadam*, à manœuvrer dans les affaires les plus louches ne la protègent pas du gangster Victor Ménard (Paul Meurisse) qui finit par l'assassiner. Celui-ci lui ayant confié une valise remplie de billets de banque, elle entre en contact avec Marcel (Paul Demange), un coiffeur qui officie également comme indicateur de police, et fait arrêter Victor pour le vol de la bague de Léon (Félix Oudart), cependant que François (Jacques Dacqmine) passe pour le dénonciateur. Le stratagème échoue. Gisèle, la complice de Victor (Simone Signoret), rend la bague à Léon, Victor est libéré de prison. Mme Rose sollicite Marcel une deuxième fois : Victor a commis un meurtre à Fougères, dans l'Ille-et-Vilaine. Sitôt libéré, Victor est de nouveau arrêté par la police informée du meurtre. Le soulagement est de courte durée. Victor s'échappe lors d'un transfert en train, revient chez Mme Rose, qui le reçoit armée ; il feint alors de s'éloigner, revient et la tue à coups de revolver. Là, comme dans les films précédents réalisés au milieu de la décennie 1930 ou dans *L'Abbé Constantin* (Jean-Paul Paulin, 1933) à la fin duquel la comtesse de Laverdens ne parvient pas à marier son fils comme elle le souhaite, le volontarisme ne permet pas toujours d'obtenir les résultats escomptés.

Femmes entre elles

Les films montrent quelquefois, quoique assez rarement, les personnages joués par l'actrice engagés avec d'autres femmes dans des relations égalitaires. Ce qui caractérise les personnages qu'elle interprète, c'est avant tout leur capacité à prendre des initiatives, à donner au récit son dynamisme narratif, plutôt qu'à nouer des relations amicales. Dans *La Kermesse héroïque*, excédées par la lâcheté de leurs maris qui les tiennent à l'écart des processus de décision et s'avèrent finalement incapables de faire face à l'arrivée de l'armée espagnole, les femmes de Boom deviennent, avec parfois quelques réticences, les alliées de Cornélia, l'épouse du Bourgmestre de Boom. Mais c'est elle qui trouve véritablement la force et l'ingéniosité pour sauver la ville apparemment menacée, qui leur dicte la conduite à tenir et organise le déroulement de la réception des visiteurs. Elle agit avec les ménagères de la ville comme un chef d'armée qui donne les directives et prépare au combat. On comprend dès lors que ces personnages puissent rarement s'insérer dans une relation d'égale à égales.

Ces relations peuvent toutefois être relativement apaisées. C'est le cas, dans *Macadam*, de celles que Mme Rose entretient avec Gisèle, la prostituée voleuse de bijoux[61]. Malgré la différence de génération, Gisèle est la seule femme (mises à part les commères du voisinage qu'on aperçoit au début du film, lorsque Mme Rose se plaint bruyamment d'avoir été victime d'une tentative de vol) avec laquelle elle entretient des rapports non hiérarchiques et non conflictuels. En un sens, comparée à Simone, Gisèle semble la véritable fille de Mme Rose : menteuse, dépourvue de scrupules, vénale. Susan Hayward signale en outre une autre différence qui sépare Gisèle de Simone, mais rapproche cette dernière de Mme Rose. Alors que toutes trois évoluent dans un milieu social

---

[61] Un des premiers grands rôles de Signoret, actrice dont Blistène ne voulait pas au début du tournage, comme le rappelle Susan Hayward, *op. cit.*, p. 27.

proche de la criminalité, ou franchement criminel, la mère et la fille n'hésitent pas à transgresser les lois non écrites de ce milieu en recourant à la dénonciation, Madame Rose par cupidité, Simone par jalousie[62]. Mais le caractère apaisé des rapports entre Gisèle et Mme Rose peut aussi s'expliquer par des trajectoires narratives différenciées. Celle de Gisèle, on l'a vu, est en deux temps. Elle est d'abord la complice de Victor Ménard. Entretenue par Léon, elle se fait offrir des présents, puis prétend les avoir perdus. Elle permet ainsi à Victor d'acquérir des objets à revendre. Par la suite sa trajectoire dévie. Sa rencontre, dans un deuxième temps, avec François qu'elle soupçonne d'être un policier va l'amener à se détacher de Victor. Mme Rose va faciliter cette transformation en lui révélant comment attirer l'attention du jeune homme et donc le détourner de Simone. Mais Gisèle se méfie de Mme Rose : elle refuse de lui confier la bague offerte par Léon. En parallèle, la trajectoire narrative de Mme Rose se caractérise par une série de tentatives pour s'approprier l'argent de Victor, tout d'abord en le faisant dénoncer à la police par Marcel. La succession de réussites et d'échecs que connaît Mme Rose tout au long du film, et dont on a eu l'occasion de parler, constitue une part importante de la trame scénaristique de *Macadam*. Mme Rose et Gisèle n'entrent donc pas en concurrence. En revanche, c'est entre Simone, la fille de Mme Rose, et Gisèle que le conflit va se nouer, François faisant naître dans l'esprit de la première, un peu par pitié, des espoirs qu'il va décevoir en se liant à la seconde.

Un relatif apaisement marque également les relations entre femmes lorsque nous avons affaire à des personnages plus effacés ou d'importance secondaire,

62 Susan Hayward, *ibid.*, p. 73.

qu'il s'agisse d'Irma (*Le Grand Jeu*), de Parasol (interprétée par Arletty dans *Pension Mimosas*) ou d'Anna Belot (*Gribiche*), la mère du jeune garçon dont le surnom sert de titre au film. La figure d'Irma est marquée au sceau de la fragilité et de la passivité. Humble prostituée employée et protégée par Mme Blanche, elle est amoureuse du légionnaire Pierre (Pierre Richard-Willm), qui ne voit en elle que le double d'une autre femme. Sa vulnérabilité la distingue de Mme Blanche avec laquelle elle noue cependant une relation de complicité. Engagée par Aziani, elle ne peut rompre ce contrat qu'en remboursant ce dernier. Pierre n'ayant pas suffisamment d'argent, c'est Mme Blanche qui se charge de payer la différence. C'est elle également qui conseille Irma sur la conduite à tenir vis-à-vis de ce dernier. Elle l'encourage à feindre d'accepter la folie de Pierre : dire, par exemple, qu'elle a vécu à Paris (elle ne connaît que Bordeaux et Barcelone). Mais alors que Blanche lui fait imaginer le train de vie luxueux de Florence, Irma ajoute à sa description des détails d'une précision troublante : elle évoque la couleur verte de la voiture de Florence comme si elle l'avait vue. L'a-t-elle vue (ce qui est fort peu probable) ou est-elle en train de se laisser contaminer par la folie de Pierre ? La scène se termine sur un plan de Mme Blanche profondément troublée, puis sur un fondu au noir.

Lors d'un repas auquel Pierre refuse de participer, Blanche adresse un signe à la jeune femme pour l'inciter à le rejoindre. Sexuellement harcelée par M. Clément, elle finit abandonnée par Pierre, une fois celui-ci guéri de sa fascination pour Florence. À l'inverse, Mme Blanche, si elle ne donne pas d'impulsions importantes à l'intrigue, en détient toutefois les clés. Le « grand jeu », cette capacité à prévoir l'avenir grâce aux cartes, se présente à première vue comme un élément introducteur de surnaturel, incongru dans un récit clairement réaliste. On devine cependant très vite que ni Feyder[63] ni Spaak n'y croient ni ne cherchent à y faire croire. Plutôt qu'un don miraculeux, il est la marque d'un sens de l'observation qui distingue Mme Blanche de tous les autres personnages du *Grand Jeu*. Extrêmement réactive, c'est elle qui tire d'affaire Pierre et Irma quand, voulant protéger Irma des assauts de M. Clément, Pierre le tue involontairement. Quelques secondes avant l'arrivée de Pierre, la caméra la filme en train de descendre lentement les quelques marches menant à une porte qui masque un escalier. Plutôt que les événements eux-mêmes (Clément en train d'abuser d'Irma à l'étage supérieur), le plan montre la prise de conscience par Mme Blanche du drame en train de se nouer. Cette utilisation du hors-champ se répète d'ailleurs quelques secondes plus tard : alors que Mme Blanche alerte le voisinage et transforme le meurtre involontaire en accident, la caméra cadre Pierre et Irma terrifiés, serrés l'un contre l'autre.

Bien différente d'Irma est la volubile Parasol qui apparaît dans une séquence de *Pension Mimosas*. C'est Arletty qui donne la réplique à Françoise Rosay. Ce choix aurait, semble-t-il, déplu à Charles Spaak qui souhaitait voir engager une autre actrice dont il était proche et pour laquelle le rôle aurait été écrit. Ce différend aurait, selon le réalisateur, contribué à la dégradation de leurs relations[64]. La conversation de la jeune femme avec Louise Noblet n'a toutefois, là également, que les apparences d'un échange

---

[63] Rosay révèle, à la fin de *La Traversée d'une vie* (p. 305) où elle raconte les derniers jours du cinéaste, que celui-ci croyait à l'astrologie. Mais elle ne précise pas quelle place exacte cette croyance occupait dans son existence.

[64] Lettre de Jacques Feyder du 7 mai 1938 (FEYDROS, B29-08). Toujours selon Feyder, Spaak de mauvaise humeur aurait ensuite donné au dramaturge belge Aimé Declercq l'autorisation de tirer une pièce de *Pension Mimosas* sans l'accord du cinéaste.

égalitaire. Tout repose en réalité sur un malentendu. Familière du milieu interlope où évolue Pierre Brabant, le fils adoptif de Louise (dont on apprend qu'il est surnommé « Baccara » par ses relations dans le « milieu » en raison de son habileté au jeu), Parasol suppose semblable familiarité chez la marraine de celui-ci par le seul fait de la voir déjeuner dans le même établissement qu'elle à une table voisine. Or Louise n'est que de passage et vient d'un autre milieu. Elle commence juste à découvrir la nature de l'environnement social dans lequel vit Pierre ; mais, afin de ne pas contredire son interlocutrice, elle feint de partager avec elle références et connaissances. Il y a donc d'emblée inégalité dans leur relation : différence de milieu social (l'une vit aux marges de la société légale, l'autre est une femme de la classe moyenne), déséquilibre dans la répartition du savoir. Sans s'en rendre compte, Parasol apporte à une Louise déjà bien informée des indications supplémentaires sur le milieu que Pierre fréquente.

Anna Belot (Cécile Guyon), la mère de Gribiche, est bien différente d'Irma et de Parasol. Veuve de guerre, mère du jeune Gribiche, elle est un des rares personnages féminins de quelque envergure qui ne soit pas joué par Rosay. Au milieu des années 1920, la figure de ces veuves est familière dans l'opinion publique, fortement marquée par le drame de la Première Guerre mondiale : 1,4 million de morts, soit 17 % des 8 millions de mobilisés, 10 % de la population masculine et 3 % de la population française[65]. « Leurs silhouettes sombres couronnées de voiles noirs colorent de deuil le paysage et rendent visible la mort des hommes fauchés par la guerre. Les endeuillées, ainsi parées durant deux ans, voire plus, de sombres couleurs, selon une stricte codification, doivent afficher l'absence des défunts, au prix de l'effacement de

[65] Christine Bard, *op. cit.*, p. 28-29.

leur personne[66]… » On se méfie des femmes seules, mais les veuves qui se remarient sont mal jugées, surtout si le remariage a lieu peu de temps après le décès du mari et si celui-ci est un héros de guerre. En 1933 le pays compte 700 000 veuves dont 262 000 se sont remariées.

Anna Belot souffre du manque affectif dans lequel l'emprisonne son veuvage. Son aspiration à retrouver une vie amoureuse est représentée visuellement par un plan, que le montage nous fait interpréter comme un produit de son imagination, où elle étreint Gavary. La jeune femme est tiraillée entre deux aspirations qu'elle juge incompatibles : son attachement pour son fils, sa volonté de lui offrir le meilleur avenir possible, et son amour pour Gavary. Mais là encore, c'est le personnage interprété par Rosay qui domine, par la manière dont elle intervient dans la vie familiale des Belot mère et fils. Édith Maranet fait intrusion tôt le matin dans leur intérieur alors que ceux-ci viennent à peine de se réveiller. Le contraste est total entre la mise impeccable d'Édith Maranet et celle de la mère : celle-ci est en robe de chambre, n'est pas peignée ; un gros plan montre qu'elle cache ses chaussures non nouées sous sa chaise. Le ton d'Édith est catégorique : « Je veux adopter cet enfant et lui assurer l'éducation qu'il mérite. » Elle ne prête aucune attention aux visages bouleversés de l'enfant et de sa mère.

On retrouve une détermination comparable, mais exprimée de façon plus violente, chez Flora la dompteuse. Elle n'hésite pas à terroriser en la menaçant du fouet — comme elle le fait avec les fauves qu'elle dresse — la toute jeune Suzanne (Louise Carletti), sœur d'Yvonne et amoureuse comme cette dernière de Marcel, le fils de Flora. En effet, les manigances de Suzanne sont en grande partie à l'origine des déboires des deux amants. Mais Flora

[66] Yannick Ripa, *Histoire féminine de la France : de la Révolution à la loi Veil (1789-1975)*, Paris, Belin, 2020, p. 541.

protège Yvonne, enceinte de Marcel, en l'accueillant dans sa roulotte. Le scénario utilise ici un motif thématique, celui de la « fille mère », dont la littérature naturaliste et le cinéma avaient déjà fait grand usage, et qui correspondait à une réalité sociologique. À ce sujet, il faut rappeler que la conception catholique du mariage qui prévaut encore dans l'entre-deux-guerres suppose que les époux n'aient aucune expérience sexuelle avant la célébration officielle de leur union et restent mariés à vie. La réalité est bien sûr différente : la sexualité hors mariage est fréquente chez les hommes, et on estime que 11 à 17 % des jeunes filles ont perdu leur virginité avant le mariage, 12 à 13 % des mariées étant enceintes le jour des noces[67].

Le seul personnage qui demeure hors de l'influence de l'héroïne jouée par Rosay est celui de Nelly (Lyse Delamare[68]), du moins pendant une bonne partie de *Pension Mimosas.* Femme entretenue par le malfrat Romani, rivale de Louise Noblet dans le cœur de Pierre et donc ennemie de celle-ci, entièrement dominée par sa recherche d'une vie facile et fastueuse, elle se signale par un mélange d'aveuglement et de lucidité. À Louise qui lui suggère d'envisager de reprendre avec Pierre la gestion de la pension, Nelly répond avec beaucoup d'assurance ne pas s'intéresser aux problèmes de « robinets qui fuient » et déclare se préparer à une hypothétique carrière au cinéma. Quand Louise lui montre une photographie ancienne où elle apparaît à l'époque où elle faisait carrière comme chanteuse d'opéra, Nelly feint, non sans perfidie, de ne pas la reconnaître afin de mieux lui rappeler son

---

[67] Christine Bard, *op. cit.*, p. 36.

[68] Prénommé Fanny dans la première moitié de la version manuscrite du scénario (FEYDROS, 24-B6), le personnage devient Nelly à partir de la page 101. Quant au prénom de l'actrice Lise Delamare, il est orthographié Lyse dans le générique.

vieillissement. Barry Nevin[69] remarque que, dans ce film qui contient une bonne part de théâtralité, les deux personnages possèdent toutes deux une expérience de comédienne, même s'il est permis de douter de la vocation artistique de Nelly, avant tout intéressée par l'argent. Louise a gardé de son ancienne activité l'habitude de chantonner, ce qu'elle fait lorsqu'elle passe d'une chambre à l'autre au début du film (« Folies, folies, folies… ») afin de réclamer à ses clients le paiement de leur séjour à la pension. Les deux femmes se jouent la comédie de l'amitié alors qu'elles suivent des objectifs totalement dissemblables. L'arrivée de Romani provoquée par la « marraine » de Pierre la montre cependant incapable de résister à son dangereux protecteur, Louise parvenant ainsi à la chasser de la pension[70]. Ce qui oppose fondamentalement les deux personnages, c'est la manière dont ils sont caractérisés. Alors que le personnage de Nelly demeure en définitive conforme au stéréotype de la « garce » dont on trouve facilement d'autres exemples dans le cinéma de l'époque, celui de Louise, ancienne artiste et tenancière de pension, mère et amoureuse, échappe davantage aux catégories préétablies.

En résumé, aucun de ces films ne parle d'amitié entre femmes, ni de véritable solidarité entre elles. L'union des habitantes de Boom obtenue par Cornélia la Bourgmestre dans *La Kermesse héroïque* est rendue indispensable par la situation dramatique que la ville risque de connaître et la crainte que l'arrivée de l'armée espagnole suscite —

[69] Barry Nevin, « Framing "l'Âme des personnages"… », *op. cit.*, p. 226.

[70] Dans le scénario, cette arrivée donne lieu à un long dialogue, finalement supprimé, entre Nelly et Romani (FEYDROS, 24-B6, p. 151-152). Dans le film, Louise introduit Romani dans la chambre de Nelly ; la porte se referme ; on entend alors le bruit d'une conversation inaudible, mais dont on devine facilement le contenu.

crainte représentée au début du film par un *flash forward* annonciateur d'un drame qui, finalement, ne se produira pas : la mise à sac de la ville et le massacre de ses habitants. Mais rien ne laisse présager du caractère durable de cette union, et tout laisse à penser que les routines de la vie maritale vont naturellement se réinstaller une fois le danger écarté. Dans cet univers, « l'oppression des hommes sur leurs femmes », « l'insatisfaction sexuelle des couples disparates que l'intérêt a unis[71] » ne sont pas près de disparaître. Le caractère exceptionnellement volontariste des personnages joués par Rosay la distingue des autres — et, finalement, l'isole d'eux.

Mère et fils, mère et fille

Alors que les films de Feyder, du moins ceux qui nous intéressent ici, dépeignent rarement des rapports amicaux entre femmes, ils offrent à l'inverse des relations parentales un tableau diversifié, qu'il s'agisse des relations entre mère et fille ou entre mère et fils. La plupart peuvent être dépeintes comme heureuses. C'est le cas dans *La Kermesse héroïque* — Cornélia y fait tout son possible pour favoriser le mariage de sa fille Siska —, ainsi que dans *Les Gens du voyage* où transparaît dès la première séquence la proximité affective de Flora la dompteuse avec son fils Marcel. On le verra, elles s'inscrivent dans un contexte historique et politique marqué par la peur de la dépopulation et l'exaltation de la maternité.

Le cas inverse existe également, les relations pouvant devenir franchement exécrables, comme dans *Macadam*. La relation de Louise Noblet avec son filleul Pierre, dans *Pension Mimosas*, offre une situation bien différente et

---

[71] Barthélémy Amengual, *op. cit.*, p. 167.

beaucoup plus complexe. Elle est en effet à tel point chargée d'ambiguïté, qu'on ne peut plus l'envisager comme une relation entre « marraine » et fils adoptif. On préfèrera donc l'étudier en même temps que les relations amoureuses dans lesquelles les héroïnes se trouvent engagées. Toutefois, deux scènes situées au début du film et censées se dérouler en 1924, montrent le bonheur que Pierre encore enfant (Bernard Optal) apporte aux Noblet, toutes deux se concluant sur une note plus sombre. La première met en scène le couple et l'enfant qui revient de l'école. Le rapport de Pierre à l'argent et au jeu donne lieu à une discussion entre Louise et Gaston, chacun lui ayant donné de petites sommes d'argent, parfois à l'insu de l'autre. Soucieux de donner au récit une cohérence maximale conformément aux règles de la narration réaliste, le scénariste installe ainsi dès le départ les questions de l'argent et du jeu : Louise s'alarme de l'attirance de l'enfant pour les jeux d'argent ; on comprend que le destin de Pierre est scellé. La séquence de la première communion, qui place l'enfant au centre de la fête (il vient de recevoir une montre, cadeau de son parrain), offre pourtant le tableau d'une famille heureuse. Le contraste n'en est que plus grand avec la suite immédiate du récit, marquée par l'arrivée du père biologique de Pierre, récemment sorti de prison, et le départ de l'enfant.

Les relations de la Bourgmestre avec sa fille dans *La Kermesse héroïque* sont placées, on l'a vu, sous le signe de l'affection maternelle. Une lettre non datée de Charles Spaak, rédigée alors que le film n'était encore qu'un projet, révèle que le scénariste avait envisagé dans un premier temps de situer la naissance de Siska lors d'un premier mariage de Cornélia. Il s'agissait pour Spaak de justifier la complicité entre la Bourgmestre et celle-ci, de faire en sorte « qu'entre les deux femmes la différence d'âge ne soit pas trop grande et qu'elles soient plus amies que mère et fille[72] ». Désireuse de faire son bonheur en la mariant avec le garçon qu'elle aime, Cornélia met à profit les événements inattendus qui secouent la ville de Boom pour l'unir au peintre Breughel. Mère attentive, elle s'attendrit dès qu'un de ses enfants ou que sa fille aînée pleure et va consoler l'un et l'autre. La première apparition du personnage nous la montre en train de s'occuper du bain d'une fillette, sa plus jeune fille, probablement ; on la voit border le lit de ses enfants ; elle prend soin d'arranger les plis de la robe de Siska lors du mariage de celle-ci ; elle s'attendrit aussi lorsqu'Ambroise, son tout jeune fils, déjà imprégné par les valeurs « viriles », dit vouloir la défendre contre les Espagnols.

Il convient de rappeler ici que, dans l'entre-deux-guerres, le mariage est d'abord un événement social. C'est un moment à part dans la vie des individus et, dit-on, « le plus beau jour de la vie d'une femme[73] ». Antoine Prost rappelle toutefois que « le rôle des sentiments dans le mariage à cette époque est difficile à préciser : tout ce que l'on peut dire est que la norme sociale ne faisait de l'amour ni une condition du mariage ni un critère de son succès[74] ». Très tôt les mères s'occupent du trousseau que leur fille doit apporter à son futur époux une fois mariée. Cornélia la Bourgmestre va faire de la présence d'un chapelain (Louis Jouvet) parmi la troupe des Espagnols à Boom l'occasion rêvée pour atteindre son objectif, contre la volonté du Bourgmestre (André Alerme) qui lui préfère le boucher de la ville (Alfred Adam). L'intervention des

[72] Archives de la Cinémathèque française, FEYDROS 31-B10.
[73] Christine Bard, *op. cit.*, p. 41.
[74] Philippe Ariès, Georges Duby (dir.), *Histoire de la vie privée, 5. De la Première Guerre mondiale à nos jours*, Paris, Seuil, 1987, p. 89.

parents dans le choix du conjoint, encore fréquente dans les années 1930, s'explique par l'âge de la future mariée : les unions (et les naissances) ont lieu beaucoup plus tôt qu'aujourd'hui (une fille peut se marier dès 16 ans), alors que l'âge de la majorité est à 21 ans (jusqu'en 1974). Le consentement des parents reste donc souvent nécessaire.

Tout aussi affectueux sont les rapports entre Flora et son fils Marcel dans *Les Gens du voyage*. Dans ce film sorti au début de l'année 1938, le personnage féminin principal travaille dans un cirque où elle est dompteuse de fauves. Elle a un fils, Marcel et un mari, Fernand (André Brulé). À partir de ces données fictionnelles, l'intrigue suit deux lignes directrices, selon qu'elle concerne le père ou le fils. Fernand, le père de Marcel, s'est évadé du bagne et est recherché par la police. Flora l'accueille dans sa roulotte et lui trouve un emploi. Avec la complicité de truands de sa connaissance, il essaie de voler la caisse du cirque. Il est finalement abattu par les forces de l'ordre. Marcel, quant à lui, est amoureux d'Yvonne, la fille du directeur (Guillaume de Saxe), lequel s'oppose à cette union. Tombée enceinte, Yvonne trouve refuge auprès de Flora. La naissance d'un garçon réconcilie les protagonistes lors du dénouement. À l'époque de la conception du film, Feyder a cessé de travailler avec Charles Spaak, leurs relations s'étant dégradées lors du travail sur *Pension Mimosas*. Jacques Viot s'est chargé en partie du scénario, Bernard Zimmer des dialogues. Parallèlement à la rupture avec Spaak, Feyder a pu suivre les étapes de la carrière de son ancien assistant Marcel Carné, les succès de ce dernier contrastant avec le relatif déclin qui affecte sa propre carrière.

Dans *Les Gens du voyage*, les deux personnages apparaissent ensemble dès le début du film, après les premiers plans qui, liés par des fondus enchaînés, montrent alternativement la route sur laquelle roule le convoi des caravanes où vit la troupe de cirque et l'intérieur de celles-ci — cages où des lions regardent le paysage défiler, des ombres en surimpression sur leurs corps reflétant le déplacement des voitures. Le premier personnage à s'individualiser est Marcel qu'on voit en train de sortir précautionneusement d'une pièce de la roulotte. La présence de Flora se signale par sa voix hors-champ (« Tous les jours, alors ? », le spectateur se retrouvant ainsi jeté *in medias res*), puis un panoramique la fait apparaître. La nature du lien entre les deux personnages est tout de suite précisée (Marcel l'appelle « maman »). Flora n'exprime aucune marque d'affection à l'égard de son fils, mais le ton de Marcel et son sourire laissent deviner la complicité qui les unit. Le personnage qu'interprète Rosay est donc caractérisé dès les premières minutes du film comme une femme attachante sous un abord qui peut sembler revêche. Elle ne sourit pas et traite d'idiot un lionceau qui refuse de boire au biberon. Mais elle est présentée comme intelligente et perspicace. Elle sait pourquoi son fils sort la nuit et avec quelle fréquence. Elle a donc d'emblée une supériorité, un temps d'avance sur celui-ci. Elle remplit son rôle de mère, elle lui donne des conseils, l'avertit qu'il « finira par se faire paumer » et lui demande de ne pas faire de bruit en rentrant. Mais elle le traite en adulte, elle comprend parfaitement ce qu'il est en train de vivre — on apprendra qu'il s'agit de sa liaison avec Yvonne — et le laisse agir à sa guise malgré les risques qui existent et dont le récit ne dit rien pour l'instant.

Lors d'une séquence pendant laquelle celle-ci fait l'achat d'un fauve pour le cirque et compte l'argent qu'elle s'apprête à donner à l'éleveur, elle évoque devant son fils ses efforts durant plusieurs années pour jouer la comédie du bonheur devant lui. Quand celui-ci lui révèle avoir toujours compris ses véritables sentiments, elle s'en trouve bouleversée. Les qualités maternelles de Flora se manifestent dans ses échanges avec sa future belle-fille Yvonne. Au moment où, projetant de s'enfuir avec Marcel, Yvonne demande conseil à Flora sur la conduite à tenir, celle-ci lui répond avec fougue et passion, puis se reprend aussitôt. Elle est incapable de jouer le rôle de l'adulte assagie qu'elle est censée incarner devant la jeune fille. La maturité n'a pas émoussé en elle la capacité à s'enflammer et la perspective d'être bientôt grand-mère, loin de susciter en elle de réaction de rejet à l'idée d'être confrontée à son vieillissement, stimule encore davantage son dynamisme.

Des images de bonheur familial se retrouvent également dans des scènes où Françoise Rosay n'apparaît pas et où Feyder dépeint avec une grande justesse les relations entre le petit Gribiche et sa mère. On ne peut qu'être frappé, alors, par l'autonomie que la mère laisse à l'enfant. La révolte finale du garçon contre les méthodes pédagogiques de sa riche protectrice peut s'interpréter comme le fruit de l'éducation donnée par une mère qui ne cherche pas (à l'inverse de ce à quoi s'emploie Édith) à brider sa spontanéité ; et il est possible, en parallèle, de considérer l'attitude d'Édith à l'égard de Gribiche comme la recherche d'un remède à sa frustration de femme sans enfant.

Qu'il s'agisse de *Gribiche*, de *La Kermesse héroïque* ou des *Gens du voyage*, on remarque que les mères — Cécile Guyon dans *Gribiche*, Françoise Rosay dans les deux autres films — n'ont le plus souvent qu'un seul enfant. Une des lignes narratives les plus importantes de *La Kermesse* joue sur la question du mariage de Siska, la fille aînée de Cornélia : qui, du père ou de la mère, parviendra à imposer son prétendant préféré ? Le fait que Cornélia soit une mère de famille nombreuse passe rapidement au second plan. Parmi les enfants de Cornélia, et si l'on excepte Siska, seul son jeune fils Ambroise (Bernard Optal, qui joue le rôle du filleul des Noblet encore enfant dans *Pension Mimosas*) parvient, dans deux courtes scènes, à acquérir un semblant d'existence.

Même si ces films ne peuvent être perçus comme la simple photographie du contexte social à l'intérieur desquels ils sont conçus, il est impossible de ne pas voir dans ces familles à enfant unique — familles monoparentales, qui plus est, dans *Gribiche* et *Les Gens du voyage* — un écho de l'évolution démographique en cours dans la France de l'époque. La baisse de la natalité s'est enclenchée dès le début du XXe siècle en raison d'un meilleur contrôle de leur fécondité par les femmes. C'est aussi la conséquence de l'entrée d'un plus grand nombre de celles-ci sur le marché professionnel. La baisse de la natalité apparaît donc liée à un éloignement partiel à l'égard de la sphère familiale ; accentuée par les morts de la guerre, elle suscite les craintes les plus vives : on redoute l'extinction de la « race française », pour reprendre des termes d'époque. Ce n'est donc pas par hasard si Édith Maranet, dans *Gribiche*, visite une pouponnière. La situation démographique est, pense-t-on alors, préoccupante — d'autant plus qu'un conflit armé reste toujours possible et que l'armée a besoin d'hommes pour la défense de la patrie : « L'aspiration démographique était perçue comme le meilleur rempart de la défense nationale depuis la guerre de 1870-1871[75] ».

Mais les citoyens ordinaires, et surtout les femmes, qui sont les premières concernées par la question, sont loin de partager unanimement cette inquiétude. La propagande anti-malthusienne n'atteint donc pas véritablement ses objectifs, et l'entrée dans la vie active n'explique pas

---

[75] Luc Capdevila *et alii*, *op. cit.*, p.115-118.

entièrement cet échec. En effet, l'enfant travailleur qui rapporte de l'argent a désormais cédé la place à l'enfant obligatoirement scolarisé et qui coûte cher. Mise à part Cornélia, les autres héroïnes n'ont que peu ou pas d'enfants. Mme Blanche (*Le Grand Jeu*) n'en a pas ; les Noblet (*Pension Mimosas*) n'ont pu assouvir leur besoin d'enfant que grâce à la présence de Pierre, leur filleul ; cette absence d'enfant est d'ailleurs un motif de querelle entre les époux après le départ de ce dernier. Dans *Une femme disparaît*, film que nous avons dû exclure de notre corpus, l'actrice de théâtre Fanny Helder n'a qu'une seule fille ; elle envisage de renoncer à la scène pour se consacrer entièrement à celle-ci, mais l'éloignement entre la mère et la fille voulue par le mari (Claude Dauphin) et la belle-mère de celle-ci (Thérèse Dorny) va conduire la comédienne au suicide. Et il en va de même pour Mme Rose (*Macadam*), qui n'a elle aussi qu'une fille, Simone, et pour les personnages interprétés par Rosay jusqu'au début des années 1950 sous la direction d'autres cinéastes. Ceux-ci n'ont généralement qu'un fils (*L'Abbé Constantin, Un carnet de bal, Le Ruisseau, Le Banquet des fraudeurs*), qu'une fille (*Remous, Jenny, Le Fauteuil 47, L'Auberge rouge*), voire pas d'enfant du tout (*Drôle de drame, Paix sur le Rhin, Le Joueur d'échecs*) ou, cas de figure exceptionnel, un fils et deux filles (*Les Vagabonds du Rêve*). Outre qu'elle évite une trop grande complexité des lignes narratives, cette réduction quasi-systématique des familles à un enfant unique est donc à mettre en résonance avec les évolutions démographiques de l'époque. Toutefois l'idéologie nataliste demeure très forte entre les deux guerres, y compris chez une bonne partie des féministes dans l'esprit desquelles s'est installée une assimilation entre devoir militaire (pour les hommes) et devoir nataliste (pour les femmes). Gisela Bock parle même de « féminisme maternaliste » pour caractériser la période 1890-1930[76].

Quoi qu'il en soit, malgré les mesures concrètes (installation de crèches dans les usines à la fin de la guerre de 1914, instauration des allocations familiales le 11 mars 1932, loi du 31 juillet 1920 contre l'avortement) ou symboliques (création de la Fête des Mères en 1926) adoptées pendant cette période, rien ne semble pouvoir freiner la dénatalité ; on estime à 120 000 le nombre d'avortements pratiqués chaque année entre les deux guerres[77]. Signe des temps, une pièce aujourd'hui oubliée, *Madame ne veut pas d'enfants* de Clément Vautel, connaît en 1924 un énorme succès[78]. Mais où accouche-t-on ? Dans *Le Ruisseau*, Régina la chanteuse évoque sa jeunesse difficile et pauvre, et en donne pour preuve qu'elle a dû accoucher à l'hôpital. De même, Françoise Rosay, dans son autobiographie, raconte avoir dû donner naissance à un de ses fils en maternité, faute d'un logement suffisamment pratique. On est en 1919, « à la fin de la guerre. Il n'y avait pas encore de chauffage, le gaz fonctionnait mal, il fallait donc accoucher ailleurs que chez soi[79]. » Dans *Les Gens du voyage*, c'est à l'intérieur d'une roulotte qu'a lieu l'accouchement d'Yvonne, et c'est sur l'annonce de l'arrivée du nouveau-né — un garçon — que le film s'achève. Pourtant, dès 1927, 50 % des naissances ont lieu en maternité et non plus à la maison ; même si ce chiffre ne concerne que la population parisienne, c'est l'amorce d'un changement de mentalité

---

[76] Gisela Bock, « Pauvreté féminine, droits des mères et État-providence », in Georges Duby, Michelle Perrot, Françoise Thébaud (dir.), *Histoire des femmes en Occident, 5. Le XIXe siècle,* Paris, Plon, 1992, p. 385.

[77] Christine Bard, *op. cit.*, p. 47.

[78] Christine Bard, *ibid.*, p. 124.

[79] Françoise Rosay, *op. cit.*, p. 105.

considérable par rapport à une époque où l'hôpital faisait office de refuge pour les plus démunis[80].

Si les films de Feyder offrent souvent une vision chaleureuse des relations entre mère et enfant, ces mêmes relations se présentent aussi à l'occasion comme sources de tensions. Celles qu'entretiennent Édith Maranet et Gribiche relèvent du rapport entre éducatrice et éduqué plutôt que d'une relation maternelle. Comme on l'a vu, elles conduisent à l'échec, tout comme celles entre mère et fille qui sont montrées sous un jour fortement dégradé dans *Macadam*, la fille ne supportant pas les penchants criminels de sa mère. Les scènes qui mettent face à face les deux femmes ne sont toutefois guère nombreuses dans ce récit où se nouent et se dénouent d'autres lignes narratives : les mésaventures de Victor avec la police, les relations de Gisèle avec un amant âgé qu'elle vole, la rivalité meurtrière entre Rose et Victor, les amours malheureuses de Simone avec François, celles de ce dernier avec Gisèle. Elles n'ont pas, par ailleurs, le même degré de complexité que celles qui unissent, par exemple, marraine et filleul dans *Pension Mimosas*.

La première scène où les deux personnages sont réunis se déroule lors d'un repas auquel assiste Victor Ménard, venu trouver refuge à l'hôtel Bijou. La caméra cadre d'abord Victor, Rose et Simone, puis se rapproche des deux femmes. Simone examine les couverts et constate que sur chacun des objets figure le nom de l'hôtel où il a été volé. À la suite d'une question posée par Victor qui s'étonne de la présence d'un objet religieux dans la salle de séjour de Mme Rose, un plan fixe très bref montre, accroché à un mur, l'objet en question — subtilisé dans une église un jour où celle-ci était allée se confesser. Rose et Victor s'agacent de la présence de la jeune fille qui ne

---

80 Christine Bard, *op. cit.*, p. 45.

partage pas leur bonne humeur, ne boit pas d'alcool et affiche en permanence sa volonté de vivre honnêtement. La tension augmente à l'occasion d'une discussion entre la mère et la fille au sujet de la venue de Paulette, la blanchisseuse, par laquelle commence le film. Simone ayant rendu à Paulette deux serviettes que celle-ci lui avait données par erreur, Mme Rose s'engage dans une leçon d'anti-morale en reprochant à sa fille de ne pas avoir saisi cette occasion pour conserver — pour voler — les pièces en question. À Victor qui lui suggère de punir sévèrement Simone, Mme Rose se fait alors éducatrice éclairée et répond qu'« il ne faut pas brusquer les enfants ». L'inversion des valeurs morales qui caractérise les répliques de Mme Rose tout au long du récit, de même que l'ivresse dans laquelle elle sombre peu à peu au cours de son dîner avec Victor Ménard, fait basculer le film vers le grotesque. Il en va de même pour sa mauvaise interprétation d'une réponse de Simone à qui elle demande si elle a compris sa leçon et qui lui répond qu'elle a compris depuis longtemps, réponse que Rose perçoit comme une acceptation par Simone des mauvais principes qu'elle s'efforce de lui inculquer.

Si Mme Rose et sa fille ne s'entendent guère, malgré une embellie à la fin du film à laquelle on ne croit pas vraiment tant les relations sont tendues (lorsque Rose évoque la possibilité de vendre l'hôtel et d'aller s'installer à la campagne), du moins n'entrent-elles pas en rivalité sur le plan sentimental, Mme Rose étant trop âgée et trop peu séduisante pour être à même d'agir sur ce terrain. Toutefois, cette dernière trouve le moyen, en facilitant le travail de séduction de Gisèle, de séparer Simone de François, le marchand ambulant qu'elle aime et qui éprouve, plutôt que de l'amour, de l'affection et de la pitié pour elle. Remarquons enfin que l'actrice ne cherche nullement à se rajeunir et n'hésite pas à montrer au public une image volontairement dégradée d'elle-même, aussi bien sur le plan moral que physique. Ce choix n'est pas anodin : l'actrice est au service du film ; celui-ci n'est pas envisagé par elle comme un simple « véhicule » destiné à mettre en valeur ses capacités dramatiques, même s'il remplit aussi cette fonction ; assurer la cohérence entre les éléments dont il se compose passe avant toute autre considération.

D'autres films, en revanche, choisissent de placer au centre de l'intrigue une mère en concurrence amoureuse avec sa fille. C'est le cas dans *Jenny* (1936), le premier long-métrage de Marcel Carné, que Ginette Vincendeau interprète comme un cas de *women's film* appliqué au contexte du cinéma populaire français [81]. Vers la fin du film, l'héroïne rend visite à Lucien Dancret (Albert Préjean), hospitalisé après une altercation avec des voyous, un homme plus jeune qu'elle, qu'elle entretient et qui veut échapper à cette situation. Au cours de leur échange, celui-ci lui révèle le nom et le prénom de la jeune fille avec laquelle il souhaite vivre. La suite de la séquence montre Jenny accablée se réfugiant, à l'arrivée de sa fille Danielle Bricart (Lisette Lanvin), auprès d'un malade (l'issue par laquelle elle veut fuir vient d'être fermée par le personnel de l'hôpital), puis montant dans un taxi. On retrouve une situation proche, mais traitée sur un mode plus léger dans *Le Fauteuil 47* (Fernand Rivers, 1937) où,

---

[81] Ginette Vincendeau, « Melodramatic Realism : On some French Women's Films in the 1930s », *Screen* n° 30, vol. 3, été 1989, p. 51. L'auteur s'interroge sur la pertinence d'analyser certains films des années 1930 au prisme de la notion de *women's film* jusqu'ici envisagée comme une spécificité hollywoodienne, dans la mesure où il s'agit de mélodrames centrés sur un personnage féminin, son environnement domestique, ses désirs et sa subjectivité. *Pension Mimosas*, qu'elle mentionne page 53, relève par ailleurs selon elle d'un sous-genre du *women's film*, le « mélodrame maternel ».

malgré l'attirance réciproque qui existe entre Gilberte Boulanger, l'héroïne, et Paul Séverac, son futur gendre (le chanteur Henri Garat), celle-ci réussit à préserver le mariage de sa fille Loulou (Denise Bosc) avec le jeune homme.

Dans les films de Feyder, la vivacité des rapports intergénérationnels trouve son origine dans le dynamisme des mères, que l'expérience et la jeunesse d'esprit rendent parfois plus audacieuses que leur progéniture. C'est le cas de Cornélia la Bourgmestre qui console et encourage sa fille Siska vite découragée dès qu'un obstacle surgit. Dans aucun de ceux-ci, en revanche, n'apparaît de personnage comparable à celui de Mme Audié, la mère devenue folle qui refuse d'accepter la disparition de son fils Georges mort depuis de longues années et à laquelle Christine de Guérande (Marie Bell) rend visite dans *Un carnet de bal* (Julien Duvivier, 1937).

Des femmes et des lieux

Différentes les unes des autres par leurs origines sociales, les héroïnes de Feyder non seulement vivent dans des zones séparées les uns des autres, mais manifestent une capacité plus ou moins grande à se déplacer, à passer d'un espace à l'autre. La mise en scène de ces déplacements a bénéficié du talent de Lazare Meerson, décorateur qui a su donner des cadres architecturaux évocateurs et raffinés aux univers fictionnels imaginés par les scénaristes[82].

Dans l'éventail des possibilités offertes par le récit aux personnages se présentent des situations qui vont de la mobilité à la quasi-claustration. Ainsi, parce qu'elle est

[82] C'est Meerson qui a conçu les décors de *Gribiche*, du *Grand Jeu*, de *Pension Mimosas* et de *La Kermesse héroïque* ; Jean d'Eaubonne lui a succédé pour *Les Gens du voyage* et *Macadam*.

sûre de son bon droit, Édith Maranet, dans *Gribiche*, n'hésite pas à sortir temporairement de son environnement habituel. De tous les films que nous étudions ici, *Gribiche* est sans aucun doute celui qui travaille le plus sur l'opposition des espaces et la signification que revêt le franchissement des frontières sociales. Feyder s'applique à créer de façon systématique des parallèles entre les univers qu'il dépeint, celui d'Édith Maranet et celui de Gribiche. Les lieux que traverse Gribiche (« petit appartement banal, usine, foire de Neuilly, bistros et guinguettes », pour reprendre la nomenclature de François Albera[83]) s'opposent ainsi à celui de l'hôtel particulier d'Édith ; de même, la sortie au restaurant de Gribiche est mise en parallèle avec celle d'Édith, également au restaurant. Le bal populaire du 14 juillet (que le cinéma de l'entre-deux-guerres a souvent évoqué[84]), le repas de noces au cours duquel Anna Belot et Philippe Gavary fêtent leur union s'opposent à la solitude d'Édith en train de lire, et qui ne supporte pas que se propagent jusque dans son intimité les rumeurs de la fête.

Le film insiste sur le moment si particulier où les personnages découvrent un univers qui ne leur est pas familier. Quand, après sa rencontre avec Gribiche aux Trois Quartiers, Édith Maranet arrive à Grenelle où habite le jeune garçon, elle examine les lieux, l'entrée de l'immeuble ; elle regarde à gauche et à droite pour évaluer le milieu social auquel elle se trouve confrontée. Les contrechamps qui présentent les lieux offerts à son regard montrent un magasin d'alimentation, une boutique de

---

[83] François Albera, *Albatros. Des Russes à Paris*, Paris / Milan, Cinémathèque française / Mazzotta, 1995, p. 145.

[84] Ginette Vincendeau, « From the Bal Populaire to the Casino : Class and Leisure in the French Cinema of the 1930s », *Nottingham French Studies*, vol. 31, n° 2, 1992, p. 58-60. L'auteur y voit « une apothéose de la communauté populaire ».

teinturier. « Ainsi le film associe-t-il le monde de Gribiche au petit commerce, et celui d'Édith Maranet aux grands magasins », comme le remarque Marc-Emmanuel Mélon. Réciproquement, la luxueuse voiture d'Édith arrêtée devant l'immeuble de Gribiche devient un objet de curiosité pour les enfants et les adultes du quartier. Le luxe de l'équipement, le chien qui regarde les enfants par la fenêtre de la portière, les chauffeurs à casquette, tout a un aspect un peu ridicule : « à leurs yeux, ces marques visibles de la classe possédante sont des objets de curiosité aussi exotiques que les animaux d'un zoo[85] ». Ce regard ironique porté sur les habitudes des classes favorisées se manifeste d'ailleurs dès la première scène du film, quand Gribiche observe Édith, qu'il ne connaît pas encore, en train d'essayer des gants. Une fois dans l'appartement des Belot, Édith balaie la pièce des yeux — d'où un nouveau contrechamp, sous la forme d'un panoramique qui explore la salle à manger, les objets étant observés « comme autant de signes culturels visibles ». Notons qu'une scène comparable est repérable dans *Pension Mimosas*, quand Louise arrive dans l'hôtel où vit Pierre Brabant et jette un regard de professionnelle (elle tient une pension de famille) sur les lieux, plutôt sordides et mal entretenus.

Les lieux où vivent Édith et Gribiche symbolisent des univers sociaux opposés. D'un côté, donc, le style « Art Déco » de l'hôtel Maranet, et le modernisme des équipements hygiéniques dont les noms sont signalés dans le générique. « Meerson meuble l'espace aux formes pures et spacieuses avec des productions des décorateurs Louis Süe et André Mare, les deux maîtres d'œuvre de la grande Exposition des Arts Décoratifs qui se tenait à Paris au moment même où Feyder tournait son film ». De l'autre, un « intérieur modeste » — mais nullement misérable — que Marc-E. Mélon décrit « avec son buffet néo-

[85] Marc-Emmanuel Mélon, *op. cit.*, p. 85.

renaissance, son lit Louis-Philippe, son guéridon 1900, sa pendule rococo et son lustre en laiton doré néo-Louis XVI, ses gravures et ses photos sur les murs ». « ...Chaque élément du décor, chaque petit objet se constitue comme un attribut emblématique du personnage. Aux broderie, pendule, chromos, réveil et photos de cinéma de l'appartement de Gribiche correspondent la douche futuriste, le chien à col de fourrure, les tableaux de maître, les couverts multiples et l'orfèvrerie Puiforçat de la maison d'Édith Maranet[86]. » Le même chercheur rappelle que, dans son ouvrage consacré aux productions Albatros[87], François Albera a également souligné le travail accompli par Lazare Meerson pour caractériser et différencier ces deux univers. Si la mobilité d'Édith fait partie des signes qui manifestent sa position dans la société, puisqu'elle n'hésite pas à pénétrer dans un espace qui n'est pas le sien, celle des membres des classes populaires a pour origine la nécessité de gagner sa vie. C'est à l'invitation, voire à l'injonction, qu'Édith leur adresse qu'ils doivent l'autorisation de franchir la porte de son hôtel particulier, lequel, vu à travers le regard de Gribiche, est présenté d'emblée comme un univers hostile : hostilité des serviteurs, de la gouvernante, immensité et froideur de la chambre où le jeune garçon va dormir.

Les tenancières d'hôtels ou de pensions — catégorie professionnelle surreprésentée dans ces films —, Mme Blanche (*Le Grand Jeu*), Louise Noblet (*Pension Mimosas*), Mme Rose (*Macadam*), sortent beaucoup plus rarement, leur lieu de travail étant également l'endroit où elles vivent. Des trois patronnes d'hôtel, Louise Noblet est

---

[86] Marc-Emmanuel Mélon, *ibid.*, p. 85, 87 et 88 pour les trois citations.

[87] François Albera, *op. cit.*, p. 145.

à la fois celle qui circule le plus à l'extérieur de la pension et celle dont le statut social est le plus élevé. Souhaitant s'enquérir de Pierre, son filleul, elle quitte le sud de la France (Menton, selon Jean A. Gili[88]) où se trouve la pension Mimosas pour un bref séjour à Paris, représenté par « deux plans rapides avenue Hoche à Paris et quai Beaubourg à Joinville ». Elle y retrouve Pierre dans l'hôtel où il vit, un établissement qui abrite une salle de jeu, ce qui le définit d'emblée comme un lieu chargé de connotations négatives[89]. Une fois Pierre de retour chez sa « marraine », elle va chez le coiffeur, se rend dans une bijouterie pour y vendre un objet et éponger les dettes du jeune homme, se fait donner par celui-ci une « leçon de conduite sur les hauteurs de la Riviera », va au café avec Nelly, la maîtresse de Pierre. Pour finir, alors qu'elle déteste le jeu, elle se rend au casino où Gaston, son mari, est croupier. Il s'agit, une fois de plus, d'y gagner de l'argent pour son filleul. Sans être aussi luxueuse que son rival le Palace où émigrent les clients chanceux au casino, la pension qu'elle dirige, « avec son hall d'entrée, sa salle de restaurant, ses chambres, ses couloirs, son bureau et sa partie privative[90] », est toutefois un établissement de bonne tenue. Une fois de plus, mobilité et aisance sociale semblent aller de pair.

Ces escapades sont toutefois de courte durée (la pension demeure le lieu où se déroule l'essentiel de l'intrigue), à tel point que certains critiques ont pu parler de théâtralité, en comparant *Pension Mimosas* au film précédent de Feyder : « Cette fois, à l'encontre du *Grand Jeu*, tout le

[88] Jean A. Gili, « L'absence de hasard dans le jeu des passions », *1895*, n° spécial J. Feyder, octobre 1998, p. 157. La présence d'une carte postale placée en tête du scénario manuscrit de *Pension Mimosas* et montrant l'avenue Boyer, à Menton, confirme la localisation géographique proposée par Jean A. Gili (FEYDROS, 24-B6).
[89] Ginette Vincendeau, « From the Bal Populaire... », *op. cit.*, p. 67.
[90] Jean A. Gili, *ibid.*, p. 158.

côté extérieur, ou presque, disparaît[91] » ; un autre critique parle même explicitement de « genre théâtral[92] », tandis que Bardèche et Brasillach estiment que le film « emprunte excessivement à la technique théâtrale du boulevard[93]. » Cette remarque est l'écho d'une réflexion — déjà amorcée par la critique pendant la décennie précédente et qui a perdu aujourd'hui depuis longtemps le caractère polémique qu'elle pouvait avoir à l'époque — sur la spécificité du cinéma par rapport du théâtre, sur la nécessité pour le premier d'affirmer son autonomie à l'égard du second. Ajoutons enfin qu'une adaptation théâtrale, confiée par Charles Spaak au dramaturge Aimé Declercq, a été envisagée pour le film et a été une source, parmi d'autres, de conflits entre Feyder et le dialoguiste[94].

L'importance de la pension comme décor a également attiré l'attention des chercheurs. Plus récemment, Barry Nevin insiste sur l'importance du travail de Lazare Meerson : « l'architecture intérieure et le décor de la pension de famille expriment ce que Louise recherche, une maison symbolique perdue, en maintenant une tension

---

[91] Anonyme, « Les films de la semaine : *Pension Mimosas* », *Cinémagazine* n°1935-4, 24 janvier 1935, p. 12.

[92] Lucien Wahl, « On a présenté : *Pension Mimosas* (film parlant français) », *Pour Vous* n° 322, 17 janvier 1935, p. 14.

[93] Maurice Bardèche, Robert Brasillach, *Histoire du cinéma,* Paris, André Martel, 1948, p. 399, cité par Barry Nevin, « Framing ''l'Âme des personnages''… », *op. cit.*, p. 232.

[94] Ainsi, le 16 novembre 1934, Declercq adresse une lettre à Feyder pour lui parler du projet. Il y déclare avoir déjà écrit une partie de la pièce. Le 24, Declercq s'étonne de n'avoir pas encore reçu de réponse. Dans sa réponse du 29, Spaak évoque la « négligence » du cinéaste et donne ce conseil à Declercq : « re-re-récris à Feyder ». Le 2 décembre, alors que son travail d'adaptation est presque terminé, Declercq se plaint toujours du silence de Feyder. Le 14, Spaak envoie à Feyder le premier acte de la pièce. La suite des échanges épistolaires de Feyder avec Spaak confirme, lettre après lettre, la dégradation progressive de leurs relations (FEYDROS, 31-B10).

entre le désir romantique qu'elle éprouve pour Pierre et sa nostalgie pour l'innocence que Pierre, en tant que jeune enfant, incarne[95] » ; il rappelle également le rôle important des « seuils tels que les portes, les fenêtres et les corridors[96] ». Nous reviendrons sur ces données importantes pour la compréhension des récits quand il s'agira d'analyser les péripéties amoureuses que traversent les héroïnes.

La situation des autres patronnes d'hôtel est partiellement différente. Mme Blanche demeure cloîtrée dans son hôtel. Il en va pratiquement de même pour Mme Rose. Le film la montre à de rares occasions aux abords immédiats de l'hôtel Bijou : une fois devant sa porte pour se plaindre aux commères du quartier d'un client voleur, et à deux reprises dans le salon de son coiffeur (qui est indicateur de police) afin de lui transmettre des informations sur Victor Ménard. Enfin, s'il lui arrive d'évoquer devant ce dernier les lieux qu'elle a traversés par le passé, c'est pour mieux reprocher à sa fille Simone son ignorance et son manque de gaieté.

Par ailleurs, même si les établissements tenus par Blanche et Rose sont avant tout des lieux d'exercice professionnel, les parties privatives apparaissent dans *Pension Mimosas* et *Macadam*. Les films montrent la chambre des époux Noblet aux lits séparés, celle de Mme Rose dont la table de nuit est pourvue d'un tiroir où elle cache un revolver, la salle de séjour où Victor, Simone et elle prennent leurs repas et où les employés pénètrent parfois. On voit en revanche Mme Blanche essentiellement derrière son comptoir ou dans des lieux facilement accessibles à la clientèle, lieux où elle répond aux clients à la recherche d'une chambre, où elle se peint les ongles, où elle tire les cartes. Ginette Vincendeau a

---

[95] Barry Nevin, « Elle t'aime trop... », *op. cit.*, p. 202.

[96] Barry Nevin, *ibid.*, p. 201.

d'ailleurs souligné combien étaient fréquentes les images de femmes au comptoir dans le cinéma des années trente, confinant celles-ci à un espace restreint associé à des normes de genre traditionnelles[97]. La première apparition du personnage, on l'a vu, a lieu dans une salle apparemment ouverte au public où M. Clément reçoit la visite du proxénète Aziani. La seule chambre de l'hôtel qui nous soit montrée, et où Blanche pénètre à la mort de Nicolas Ivanoff, est celle où dorment Pierre et son camarade légionnaire.

Quant à Cornélia la Bourgmestre, elle ne circule qu'à l'intérieur de la ville de Boom. C'est d'ailleurs le cas pour l'ensemble des personnages du film, y compris les Espagnols. Ceux-ci viennent et repartent, mais ne sont jamais montrés à l'extérieur de la ville, Boom demeurant le lieu unique où l'action prend place. Cornélia passe le plus clair de son temps dans son palais, n'allant à l'hôtel de ville que pour morigéner son époux ou haranguer les femmes de la ville et ne s'aventurant aux portes de Boom que pour accueillir l'armée espagnole. De même, Flora la dompteuse, dans *Les Gens du voyage*, ne s'éloigne à aucun moment de son lieu de vie et de travail (le cirque Barlay), de sa roulotte, des cages qui servent d'abri aux lions et aux tigres. En même temps, elle se déplace en permanence (le cirque va de ville en ville). Moins contraints par leur activité professionnelle, ceux qui l'entourent, son fils Marcel, l'amie de celui-ci, Yvonne Barlay, et Fernand, le père de Marcel, ont, eux, un champ d'action nettement plus étendu : ils s'éloignent même du cirque pendant une partie du film.

Comme on le voit, les lieux où vivent les personnages féminins interprétés par Rosay sont tels que vie privée et vie professionnelle n'y sont jamais totalement séparées. La

---

[97] Ginette Vincendeau, « From the Bal Populaire… », *op. cit.*, p. 54.

pension de Louise Noblet « constitue un espace d'action socialisé complexe [...] parce qu'il fait office simultanément de logement personnel pour les Noblet et d'espace public pour des clients qui paient[98] » : le repas pour la première communion de Pierre, le fils adoptif encore enfant, retarde le service dans la salle de restauration où déjeunent les clients de la pension. Et si la maison du Bourgmestre et l'hôtel de ville de Boom constituent deux lieux clairement différenciés, c'est dans la première que — événement qui dépasse largement la sphère privée mais la touche également — sont reçus les notables espagnols de passage. Le statut social élevé de la Bourgmestre trouve sa manifestation la plus éclatante dans la magnificence des décors et des costumes que la presse spécialisée de l'époque, conviée sur les lieux de tournage, n'a pas manqué de souligner, l'accumulation de chiffres permettant aux lecteurs de se faire une idée des dépenses engagées[99] tout en offrant aux journalistes l'occasion de promouvoir le film en cours de réalisation avant sa sortie en salle.

Pour synthétiser ce qui caractérise les rôles sociaux remplis par les personnages que joue Rosay, on ne peut manquer de rappeler leur volontarisme et même leur autoritarisme. Ceci explique le primat, dans les films, des relations hiérarchiques sur les relations égalitaires. Mais d'autres traits permettent de nuancer cette vision. Toujours

---

[98] Barry Nevin, « Elle t'aime trop... », *op. cit.*, p. 206.

[99] « ...le décorateur Meerson, pour cette édification gigantesque, a utilisé 6000 mètres cubes de bois, 500 mètres cube de sable, 3000 sacs de ciment, 2000 sacs de plâtre et 6 tonnes de fer » (Anonyme, « À Epinay, une ville flamande sert de cadre à *La Kermesse héroïque* », *Cinémonde* n° 355, 8 août 1935, p. 620). « Cent cinquante menuisiers et maçons construisent les maisons qui entourent le marché » (Marguerite Bussot, « Studios en plein air : on construit les décors de *La Kermesse héroïque* », *Pour Vous* n° 347, 11 juillet 1935, p. 12).

présentées dans un environnement social décrit avec précision, engagées dans des rapports mère-fils ou mère-fille plutôt que dans des amitiés entre femmes, les héroïnes peuvent se révéler impuissantes face aux obstacles imprévus qui se dressent sur leur chemin. Tels sont les principaux traits que l'analyse permet à ce stade d'extraire de ces films. Manque toutefois à ce tableau d'ensemble la prise en compte d'un élément essentiel : la peinture des relations entre hommes et femmes. C'est ce vers quoi nous allons nous tourner maintenant.

2. Les personnages féminins face aux hommes

Comme dans la grande majorité des productions cinématographiques de l'entre-deux-guerres, la question des rapports sociaux de sexe est au centre des œuvres qui nous occupent ici. Cinq grandes lignes directrices se dégagent d'emblée à la vision des films. En premier lieu, les relations conjugales ne sont jamais présentées comme sources de bonheur. Parmi les raisons de ces mésententes, le fait qu'elles unissent des êtres qui s'accordent mal et qui ne partagent pas le même état d'esprit, les femmes se distinguant par une clairvoyance bien supérieure à celle de leur conjoint. Cette clairvoyance les rend capables de transgresser les règles sociales et morales en vigueur, mais, comme on l'a évoqué précédemment (à propos des limites du volontarisme des personnages joués par Rosay), elle peut conduire les héroïnes aussi bien vers le succès de leurs stratégies que vers l'échec. Enfin, ces quatre éléments (mésentente conjugale, plus grande lucidité des femmes, audace transgressive de celles-ci, difficultés dans l'atteinte de leurs objectifs) conduisent à s'interroger : au sein des différents milieux sociaux que les films dépeignent, dans quelle mesure la domination des hommes continue-t-elle encore à s'exercer ?

Des vies conjugales malheureuses

À l'exception de *Gribiche* et de *Macadam*, dont les héroïnes sont des veuves, les films ne proposent, en guise de personnage principal, que des personnages de femmes mariées. Ces deux figures de veuves, qui apparaissent, séparées par une vingtaine d'années, dans le film le plus ancien (1926) et le film le plus tardif de notre corpus (1946), sont aussi dissemblables que possible. Dans *Gribiche*, le principal personnage, Édith Maranet, veuve d'un diplomate, n'évoque jamais son époux défunt. Faute d'informations fournies par le récit, on ne sait si l'activité intense qu'elle déploie en faveur des thèses hygiénistes doit être interprétée comme une tentative pour combler le vide laissé par l'absence du conjoint. Ce n'est d'ailleurs pas l'enjeu du film. En revanche, Mme Rose ne rechigne pas à parler longuement de sa mésentente avec son mari au gangster Victor Ménard à qui elle offre à dîner au début de *Macadam*, le différend s'étant dans son cas réglé par un assassinat.

La carrière de Rosay lui a offert d'autres occasions d'incarner ce type de personnage, celui d'une veuve, non pas joyeuse, mais vivant sereinement sa situation : on peut ainsi mentionner la comtesse de Laverdens dans *L'Abbé Constantin* (Jean-Paul Paulin, 1933). Dans la filmographie de l'actrice apparaît également le cas inverse : tourné à la fin de la décennie suivante, *Les Vagabonds du Rêve* (Charles-Félix Tavano, 1949) met en scène la figure de Mireille Dambreval, directrice d'un théâtre itinérant qui souffre de la disparition de son mari. Quoi qu'il en soit, pour aucune de ces femmes le remariage n'est envisagé. Ajoutons à ces veuves que le récit donne pour réelles, celles qui rêvent de l'être ou qui feignent de l'être. Ni Cornélia (*La Kermesse héroïque*), ni Margaret Molyneux, dans *Drôle de drame* (Marcel Carné, 1937), ne sont encore veuves. Toutefois, l'évocation de cette possibilité — le Bourgmestre feint d'être mort à l'arrivée des Espagnols, Irwin Molyneux (Michel Simon) s'imagine déjà assassiné par William Kramps, le « tueur de bouchers » (Jean-Louis Barrault) — ne semble guère les attrister. Bien au contraire. Comme le remarque Christine Bard, « toutes les veuves ne sont cependant pas nécessairement séduites par la perspective d'une nouvelle vie conjugale. Le veuvage, n'est-ce pas aussi, parfois, la tranquillité[100] ? »

Quant aux couples dépeints dans *Le Grand Jeu* (Mme Blanche et M. Clément) et *Les Gens du voyage* (Flora la dompteuse de tigres et Fernand, un hors-la-loi récemment évadé de Cayenne et recherché par la police), ils ne sont guère plus heureux. Mme Blanche se signale, on l'a vu, dès sa première apparition par son détachement et son indifférence blasée à l'égard du personnage antipathique, joué par Charles Vanel, dont elle partage l'existence. Flora, quant à elle, ne parvient pas toujours à dissimuler les sentiments d'attachement qu'elle continue à éprouver à l'égard son mari. Son fils Marcel lui en fait la remarque ; et les pleurs qu'elle verse au départ de Fernand (elle a pris le risque de l'accueillir et de le faire engager par le cirque) en sont également le signe. Pourtant, la présence récurrente de ces couples désunis ne fait pas nécessairement d'eux le centre de la narration : à une exception près, les films que nous venons de mentionner ne s'attardent pas sur les motifs profonds de ces mésententes ; celles-ci ne sont qu'un élément parmi d'autres de l'univers fictionnel construit par le récit. À l'inverse, *Pension Mimosas* et *La Kermesse héroïque* placent la question de la vie conjugale au centre de la narration.

Par deux fois, Françoise Rosay forme un duo volontairement déséquilibré avec André Alerme, *La Kermesse héroïque* réactivant sur le mode comique le couple mis en scène dans *Pension Mimosas.* Se trouvent donc réunis un homme faible, dépourvu des signes de virilité traditionnellement attribués au genre masculin, et une femme forte à qui l'on s'adresse toujours en cas de situation difficile, qui souffre de ce déséquilibre, mais qui

---

[100] Christine Bard, *op. cit.,* p. 51-52.

peut aussi en tirer parti afin de s'octroyer davantage d'autonomie. Notons qu'aucune haine ne se manifeste entre les époux et qu'il n'y a souvent pas même de véritable conflit, mais des querelles routinières, tant le mari est présenté comme inexistant, qu'il s'agisse du Bourgmestre de *La Kermesse héroïque* dont l'impuissance face à son épouse est manifeste dès le début du film ou du croupier de *Pension Mimosas*, qu'on devine toutefois profondément attaché à Louise qu'il appelle « Loulou » dans un moment d'attendrissement.

La cellule familiale représentée dans *Pension Mimosas* se compose de trois individus : Louise, Gaston et Pierre, les parents adoptifs et leur fils. Comme toute famille, elle constitue un microsystème à l'intérieur duquel la défaillance d'un des membres est susceptible de se répercuter sur les deux autres. Il est donc impossible de séparer l'évolution des sentiments de Louise de ce contexte. Si les premières minutes du film s'ingénient à donner de Gaston Noblet une image d'autorité, la suite des événements va très vite la réduire à néant. Présenté comme un être dominateur et sûr de lui qui forme au métier de croupier des jeune gens employés par le casino de la ville, il apparaît vite comme un personnage totalement différent de ce qu'il semble être au premier abord — un brave homme, donc, mais un personnage désexualisé, incapable de susciter le désir chez une épouse qu'il aime pourtant sincèrement. C'est cette faiblesse qui perturbe en profondeur la relation conjugale. C'est l'incapacité de Gaston à satisfaire les besoins affectifs de Louise qui contribuent à orienter vers leur fils adoptif les désirs de celle-ci ; ils agissent comme une compensation à la médiocrité de sa vie affective. De plus, les Noblet n'ont pas d'enfant ; et une discussion s'engage entre les époux bouleversés par le départ inattendu de leur fils adoptif, pour savoir qui est « responsable » de cette situation, discussion à laquelle Louise met rapidement fin. La présence des lits séparés dans lesquels dorment les époux est à interpréter comme un signe de cette désexualisation. Il convient ici de préciser que semblable séparation aurait eu un sens tout différent dans le cinéma américain de la même époque. Étant la règle, elle ne véhiculait pas nécessairement la même signification. Or le cinéma français de l'époque n'est pas soumis à semblable interdit : les concubins Toni (Charles Blavette) et Marie (Jenny Hélia) dans *Toni* (Jean Renoir, 1935), tout comme le couple marié formé par Aimable Castanier (Raimu) et Aurélie (Ginette Leclerc) dans *La Femme du boulanger* (Marcel Pagnol, 1938), partagent le même lit.

Cette désexualisation n'est qu'un aspect du personnage, également dépendant de Louise pour l'organisation de la vie quotidienne. Lorsque Louise, après avoir dû s'absenter pour aller retrouver Pierre à Paris, revient à la pension, c'est elle qui doit lui indiquer l'emplacement de ses propres affaires, cravate ou bouton de manchette, qu'il ne parvient plus à retrouver. Ceci ne l'empêche pas cependant de se vanter à l'occasion d'être indispensable au bon fonctionnement de l'établissement. Ainsi, au début du film, il s'avise de critiquer le travail de Louise. Trop peu de clients, selon lui, paient régulièrement. Comme Louise le lui fait remarquer, lui-même vient d'inviter un soi-disant ingénieur des Ponts-et-Chaussées, qui avoue n'avoir rien mangé depuis la veille, à déguster du cassoulet. Lors de la querelle qui les oppose à cette occasion, Louise lui rappelle dans quel état se trouvait la pension au moment de leur rencontre. C'est elle qui, renonçant à sa carrière de soprano lyrique, a sauvé grâce à son travail l'établissement de la faillite et, par la même occasion, Gaston qui menaçait de se suicider. Celui-ci conteste tout d'abord ces propos et finit par se rendre à l'évidence. Il tente d'embrasser le bras de celle-ci pour lui exprimer sa reconnaissance et son attachement ; irritée, celle-ci le rejette.

Élément marginal dans le déroulement de la narration, mais typique des premières décennies du XXe siècle, l'opposition entre les deux époux se manifeste sur le plan religieux. La première communion du jeune Pierre donne lieu à un déjeuner qui est l'occasion d'un échange entre Louise et Gaston devant les invités. Gaston se déclare libre-penseur, Louise lui demande d'éviter ce genre de propos en pareille circonstance. Françoise Rosay raconte dans ses mémoires que Feyder se serait inspiré d'un de ses souvenirs d'enfance. En effet, la première communion de la future comédienne, alors petite fille, aurait donné lieu à un débat fort animé entre les participants sur Jésus-Christ[101]. On a ici affaire à une situation fréquente sous la IIIe République. Face au scepticisme des hommes, les femmes sont considérées comme plus facilement influençables et critiquées pour leur perméabilité aux discours de l'Église. À cette époque, les forces politiques hostiles au droit de vote des femmes proviennent des milieux conservateurs, mais aussi d'une partie de la gauche marquée par l'anticléricalisme, surtout « après une déclaration du pape favorable au vote des femmes en 1919[102] ». Précisons que, mise à part cette séquence de la communion, le personnage de Louise Noblet n'agit à aucun moment en fonction d'impératifs religieux. Ce ne sont pas tant les déclarations anticléricales de Gaston qui la choquent, que le cadre choisi — un banquet de première communion — pour les proférer : la société française a déjà entamé sa déchristianisation.

L'épisode de la communion est donc symptomatique de la faiblesse de l'époux qui mine la vie du couple. Celle-ci est d'autant plus grande que Gaston en est inconscient et

---

[101] Françoise Rosay, *op. cit.*, p. 197.

[102] Michelle Zancarini-Fournel, *op. cit.*, p. 48.

qu'il adhère naïvement aux valeurs de la société patriarcale. Soumis à ces valeurs et donc contraint d'affirmer en toute occasion sa force et son autorité, il surestime de façon pathétique sa capacité à maîtriser le cours des événements alors que celui-ci lui échappe complètement. En tant que père adoptif, il se révèle incapable aussi bien de guider son filleul dans ses choix de vie (il ne lui a transmis que le goût des jeux d'argent) que, dix ans plus tard, de comprendre le drame qui se joue sous ses yeux entre Louise, Pierre et Nelly, la maîtresse de ce dernier. Au retour de Pierre, en 1934, ses tentatives pour jouer le rôle du père, de l'homme expérimenté, se révèlent dérisoires. Le jeune homme feint de l'approuver, l'interrompt, le flatte. Il est désormais trop tard pour prétendre dicter sa conduite à Pierre, devenu en 1934 un adulte corrompu. Malgré l'affection qu'il lui porte — à la surprise générale, il sort de la cave une bouteille d'un vin très rare pour fêter le retour de Pierre à la maison —, Gaston Noblet ne peut remplir le rôle de père auprès de son fils adoptif. Barry Nevin parle de « l'échec de Gaston à établir l'ordre patriarcal à l'intérieur de la pension de façon à ce que Pierre s'inscrive dans cet ordre symbolique[103] ». Cette adhésion de l'époux, qui est aussi un être capable d'affection et de générosité, à des valeurs qu'il lui est impossible de respecter est la cause principale de la faillite du couple.

Cornélia, l'épouse du Bourgmestre dans *La Kermesse héroïque*, n'est guère plus heureuse, même si le ton général du récit est celui de la comédie. Comme le remarque Barthélémy Amengual, l'univers de *La Kermesse* est certes celui d'un monde heureux, mais « l'oppression des hommes sur leurs femmes » et « l'insatisfaction sexuelle des couples disparates que

[103] Barry Nevin, « Elle t'aime trop… », *op. cit.*, p. 212.

l'intérêt a unis » sont bien sensibles[104]. Le conflit qui oppose les époux à propos du mariage de leur fille Siska et du prétendant à choisir pour celle-ci ravive d'anciennes blessures chez l'héroïne à différentes occasions. L'évocation par Siska de ses sentiments pour le peintre Breughel, qui doit faire sa demande de fiançailles le jour même, attendrit Cornélia qui partage ses espoirs. Mais l'humeur de la Bourgmestre s'assombrit dès que la jeune fille la questionne sur ses fiançailles, lui demande si elle n'était pas « folle de bonheur » dans ces circonstances, ce à quoi Cornélia répond qu'elle était effectivement « folle » ce jour-là. On trouve une scène comparable dans *L'Abbé Constantin* (Jean-Paul Paulin, 1933). La mère de Jean (Claude Dauphin), la comtesse de Laverdens, veut faire épouser à son fils une riche Américaine contre son gré. Il lui remet en mémoire le contexte dans lequel elle a épousé son père aujourd'hui décédé et les souvenirs amers qu'elle a gardés de sa vie conjugale. Même amertume lorsque Cornélia perçoit chez Breughel le médiocre époux qu'il sera pour sa fille : il s'avère incapable de soulever sa future belle-mère pour lui permettre de voir par une ouverture vitrée ce que prépare le Bourgmestre enfermé dans sa chambre. Une scène antérieure à celle-ci montre Siska essayant vainement d'attirer l'attention du jeune homme en plein travail. D'abord déçue, elle doit projeter avec son miroir un reflet sur le visage de celui-ci pour qu'il réagisse. On devine que cette déception n'est que la première d'une longue série à venir. À la toute fin du film, après l'épisode amoureux partagé avec le duc d'Olivarès (Jean Murat), le discret signe d'adieu que Cornélia lui adresse alors qu'il s'éloigne avec l'armée espagnole est chargé de tristesse et de résignation.

Le Bourgmestre n'a pas même les qualités humaines qui rendent attachant le Gaston Noblet de *Pension Mimosas*,

---

[104] Barthélémy Amengual, *op. cit.*, p. 167-172.

sans doute parce que le cadre générique de *La Kermesse héroïque* — on pourrait parler de « comédie pseudo-historique » — se prête davantage à la caricature qu'à l'analyse nuancée des sentiments. Il se préoccupe essentiellement des avantages matériels qu'une union de sa fille avec le boucher est susceptible de lui procurer. Dans ses négociations avec ce dernier, il met Siska sur le même plan que le bétail dont il veut s'assurer la vente, alors que Cornélia privilégie le bonheur de sa fille, même si le jeune homme que celle-ci a choisi ne lui paraît pas le prétendant idéal. Mais, comme Gaston Noblet, il se croit une force suffisante pour maintenir sa domination dans le foyer conjugal. Ainsi, au boucher qui lui demande, alors que tous deux descendent les marches de l'escalier qui orne la façade de l'hôtel de ville, si le mariage qu'il projette ne rencontrera pas d'opposition de la part de la Bourgmestre, il répond : « Je suis chez moi le seul… » Un contrechamp montre Cornélia se dirigeant vers lui à grands pas, furieuse, ne laissant au Bourgmestre que le temps de terminer sa phrase, la mine défaite : « …maître ». L'humiliation que Cornélia lui fait subir est d'autant plus vive qu'elle se déroule sous les yeux de la population amusée et qu'une succession de plans rapides montre des citoyens de la ville cesser toute activité pour assister au spectacle de la querelle entre époux. L'épisode est ainsi résumé par le critique de *Pour Vous* : « la femme du Bourgmestre […] qui, cela ne vous surprendra pas, porte les culottes dans le ménage, a résolu de contrarier la volonté de son mari[105]… » Pourquoi ne devrions-nous pas être surpris ? est-on tenté de demander. Parce que le rôle est écrit en fonction de la *persona* de Françoise Rosay ? ou

---

[105] André Lang, « Sur les écrans de France : les films : *La Kermesse héroïque* (film parlant français), *Pour Vous* n° 368, 5 décembre 1935, p. 6.

parce que l'autoritarisme serait le propre de toutes les ménagères ?

Mais cette faculté peut aussi se dégrader en cynisme systématique, en mépris généralisé de l'humanité, comme c'est le cas pour Mme Rose (*Macadam*). Dix ans après la réalisation de *La Kermesse*, *Macadam* reprend le motif de l'épouse malheureuse en en inversant ironiquement les termes. Déjà fortement alcoolisée, Mme Rose fait au gangster Victor Ménard le récit de ses malheurs passés avec un mari désespérément honnête. Elle raconte comment, avant qu'elle l'assassine, son époux payait toutes les factures qui lui étaient adressées et comment le « mauvais » exemple a fini par contaminer leur fille. Le thème de l'infortune conjugale qui donne lieu dans *Pension Mimosas* à une réflexion sur le conflit entre le désir féminin et la norme sociale devient ici simplement le prétexte à une destruction comique des valeurs morales les plus communément admises.

Seul Fernand (*Les Gens du voyage*) parvient encore à inspirer de l'affection à Flora, son épouse, ce que révèle une des dernières scènes du film où celui-ci lui demande l'embrasser avant de partir ; pour toute réponse, Flora lui intime froidement l'ordre de « faire vite », puis verse des larmes après son départ. C'est aussi le seul cas où le mari arrive à tenir tête à sa femme : il reste près d'elle alors qu'elle exige de lui à plusieurs reprises qu'il s'éloigne.

Des femmes plus clairvoyantes que les hommes

Une caractéristique à peu près constante des héroïnes, qu'on examinera ici essentiellement à partir du *Grand Jeu* et de *Pension Mimosas*, est la supériorité dont elles font preuve comparées aux hommes de leur entourage. Ceux-ci manifestent un comportement quelquefois immature, comme c'est le cas pour Pierre Martel (Pierre Richard-

Willm), le héros du *Grand Jeu*. Dans les toutes premières séquences du film, il prétend faire fi des difficultés, se moque des risques qu'il prend par sa conduite automobile imprudente alors que Florence tente de le raisonner. De même, il renvoie avec dédain son secrétaire que ses problèmes d'argent inquiètent. On le retrouve un peu plus tard jouant avec un petit chien sous une table (plus exactement, il tente d'arracher le gant que l'animal tient dans sa gueule) au moment où les membres de sa famille s'apprêtent à l'alerter sur les dangers qu'il court et qu'il leur fait courir sur le plan financier. Le plan en contre-plongée de l'oncle debout qui le regarde aux prises avec le chien l'installe dans la position de l'enfant surveillé par un adulte. Mais il semble qu'une sorte de clivage traverse le personnage : son insouciance est en partie une feinte, un jeu ; il est conscient de la gravité de la situation. De même, malgré sa passion pour Florence, il comprend qu'elle ne l'aime pas suffisamment pour le suivre dans son exil forcé.

Face à cet être pris entre raison et aveuglement, Mme Blanche, la patronne d'auberge qui sait lire l'avenir dans les cartes, apparaît comme dotée de la lucidité qui manque à tous ceux qui l'entourent. Femme désabusée, mélancolique, toxicomane, en apparence plus passive que les héroïnes des autres films de Feyder incarnées par Rosay, elle partage avec celles-ci une force de caractère qui lui assure une nette supériorité sur les hommes de son entourage. Elle n'obéit jamais aux ordres de son mari, et ne prend même pas la peine de répondre à ses insultes, comme on le voit lors de la séquence de sa première apparition. Elle peut toutefois se révéler très réactive aux événements quand les circonstances le réclament. Ainsi, elle parvient habilement à tirer d'affaire Pierre et Irma (Marie Bell) quand Pierre tue Clément accidentellement.

Les hommes, eux, refusent de voir clair en eux-mêmes ou en sont incapables. C'est le cas de Nicolas Ivanoff, le

Russe blanc devenu légionnaire et compagnon de Pierre. En voulant à tout prix tirer un trait sur sa vie passée (il sermonne Pierre qui n'y parvient pas), il se livre à une sorte d'automutilation. Mme Blanche nuance cependant ce portrait, une fois Ivanoff décédé ; elle avoue à Pierre lui avoir servi de confidente. S'ajoute à ces deux personnages un troisième avec lequel Mme Blanche n'a pas de contact direct : Gustin, le vieil adjudant interprété par Pierre Larquey, incapable d'accepter son vieillissement et qui veut coûte que coûte reprendre du service. La scène des retrouvailles entre Blanche, Pierre et Nicolas est intéressante à cet égard. Quand Pierre et Nicolas entrent dans l'auberge de Mme Blanche, l'accueil qu'elle leur réserve montre qu'elle les connaît depuis un certain temps. La familiarité de Pierre avec Mme Blanche est suffisamment grande pour que tous deux se comprennent à demi-mot. Pierre lui demande de l'alcool : « Moitié pernod… » ; « Moitié mandarin », achève-t-elle en le servant. En même temps, Mme Blanche avale de petites boulettes, probablement d'opium, ce que Pierre lui reproche affectueusement[106]. Le silence qui s'installe entre eux apparaît comme l'indice d'une grande proximité.

La première scène de tirage de cartes, qui est aussi la deuxième situation narrative rassemblant Pierre et Mme Blanche, après celle du pernod-mandarin, est symptomatique de la capacité qu'a Blanche de dévoiler la réalité. Le scénario prend soin de créer les conditions de vraisemblance réaliste qui justifient la réunion des deux personnages. Pierre est délogé de sa chambre par M. Clément. Un couple doit venir l'occuper pendant une heure. En parallèle a lieu la fête qui marque le retour des légionnaires dans la ville. Pierre n'y va pas, absorbé qu'il

---

[106] Ce détail n'apparaît pas dans les dialogues du scénario (FEYDROS 21-B5).

est par l'image de Florence. M. Clément lui suggère d'aller retrouver Mme Blanche en l'assurant qu'« elle ne le dérangera pas », ce qui construit au premier abord l'image d'une femme dépourvue de vie affective ou sexuelle — une femme qui, selon Burch et Sellier, « est le personnage-clef du film » car elle se serait « auto-exclue du circuit du désir[107] ». Sa réaction à la mort d'Ivanoff et le chagrin qu'elle exprime alors dessinent cependant d'elle une vision différente. Malgré sa volonté de maintenir les hommes à bonne distance, un réel charme érotique émane de sa personne. Acceptant la suggestion de M. Clément, Pierre descend au rez-de-chaussée, et on perçoit Mme Blanche derrière un rideau de fils, assise à une table, sans deviner encore qu'elle joue aux cartes. Le caractère progressif de l'apparition du personnage rappelle le déroulement de la première séquence où l'actrice intervient, comme s'il fallait, par ce procédé, signaler l'arrivée du récit à un tournant décisif : entrée d'un personnage important, révélation d'informations décisives.

C'est pour tromper son ennui que Pierre demande à Mme Blanche de lui tirer les cartes au début de la séquence. La longueur inhabituelle de celle-ci — elle dure à peu près quatre minutes — est d'ailleurs le signe que se joue là quelque chose d'important pour le héros. Le refus initial de Mme Blanche peut s'interpréter comme une nouvelle manifestation de sa lassitude. Il peut aussi avoir comme source la crainte de devoir inquiéter par ses révélations un être auquel elle est attachée. Pierre lui rappelle alors qu'elle l'a fait pour Nicolas. Au déroulement du jeu s'ajoute, hors-champ, l'arrivée de Clément. Les prédictions de Mme Blanche correspondent exactement à la succession des événements que le scénario va dérouler lors des séquences qui suivent. L'échange entre les trois personnages se termine sur le scepticisme et

[107] Noël Burch, Geneviève Sellier, *op. cit.*, p. 59.

les railleries des deux hommes. L'attitude de Pierre sera en revanche différente lors du deuxième tirage de cartes qui est également l'épilogue du récit. Le personnage masculin est guéri de sa passion pour Florence ; les retrouvailles avec celle-ci, en le confrontant à la réalité, l'ont ramené à la raison. Car c'est bien d'une forme de déraison dont il parvient à se libérer, comme le remarquent les personnes qu'il côtoie, Nicolas Ivanoff, la chanteuse de cabaret Dauville (Lyne Clevers), pour qui « il travaille du képi », et surtout Blanche qui, comme le soulignent Noël Burch et Geneviève Sellier, sait mettre « le doigt sur l'essence fantasmatique du désir masculin[108] ». Sa relation avec Irma, qui ne prenait son sens que dans la ressemblance troublante de celle-ci avec la femme aimée, n'a plus de raison d'être. De plus, les événements prédits auparavant par Mme Blanche s'étant régulièrement réalisés, le scepticisme à l'égard de ses capacités prédictives n'est plus de mise. Pierre sait désormais quel sort l'attend.

Comme les autres personnages qu'incarne Françoise Rosay, Louise Noblet est celle qui trouve des solutions aux situations les plus embarrassantes. Elle se charge de faire payer les clients indélicats ; elle fait revenir Pierre à la pension ; elle vend des bijoux pour rembourser les dépenses de son filleul, lorsque celui-ci avoue avoir perdu au casino 80 000 francs, c'est-à-dire la somme qui lui a été remise suite à la livraison d'une voiture à Biarritz, chez un client du patron pour lequel il travaille ; elle révèle l'adresse de Nelly au « protecteur » de celle-ci afin de provoquer son départ et de l'éloigner de Pierre.

Alors que les difficultés s'accumulent, elle préfère les dissimuler à Gaston dont elle connaît l'absence de perspicacité. Ainsi, elle s'abstient prudemment de lui faire le récit de ce qu'elle a vu et compris lors de son séjour à

[108] Noël Burch, Geneviève Sellier, *ibid.,* p. 57.

Paris. Lorsque, cas exceptionnel, il a une intuition juste de ce qui se trame, elle dénie alors tout caractère de gravité aux événements. Quand Nelly, sous le charme de laquelle il succombe, reçoit des appels de ses relations à la pension, il s'en inquiète. En guise de réponse, Louise feint de mettre ces appels sur le compte des contraintes professionnelles de la jeune femme, alors qu'elle subodore la nature exacte de ces relations et le type de milieu social dans lequel Nelly évolue. Cette dissimulation a alors pour effet pervers d'éloigner un peu plus Gaston de la réalité. Ce n'est qu'à la toute fin du film qu'il commence à deviner, mais sans comprendre de quoi il est question, que des événements inhabituels sont en cours. Il aperçoit alors avec stupéfaction Louise, qui déteste les jeux d'argent, en train de faire des mises parmi les joueurs du casino. Un plan subjectif adoptant le point de vue de Gaston montre Louise assise au milieu de la foule des joueurs.

Cette différence de perception se retrouve au sein du couple formé par Pierre et Nelly. Cette dernière, parce qu'elle est étrangère à la cellule familiale et donc plus à même de prendre ses distances vis-à-vis de celle-ci, saisit d'emblée la nature complexe des sentiments de Louise à l'égard de son filleul. Considérant dès le premier contact Louise comme une « méchante femme », une femme « dangereuse », elle résume en quelques mots la situation — « elle est amoureuse de toi », « elle t'aime trop, et moi pas assez » — à Pierre qui ne la prend pas au sérieux[109]. Pierre ne comprend clairement ce qu'il en est qu'après le

---

[109] Ce jugement intervient plus tard dans le scénario manuscrit de *Pension Mimosas* (FEYDROS, 24-B6) : « C'est une méchante femme, *je le sais maintenant* [souligné par nous], une femme dangereuse » (p. 139), ce qui donne à penser que Nelly a mis du temps pour discerner le caractère semi-incestueux des sentiments de Louise à l'égard de Pierre. Sa compréhension immédiate de la situation, dans la version définitive du récit, accentue sa lucidité et, par opposition, l'aveuglement de Pierre.

départ de Nelly. Provoqué par Louise, ce départ est la conséquence d'une intrusion difficilement justifiable dans la vie du couple. Il questionne Louise sur son rôle dans ce bouleversement et rejette alors les marques d'affection de sa « marraine », marques dont il perçoit désormais la nature. Rien n'indique cependant qu'il évalue les sentiments de Nelly à son égard avec une lucidité comparable à celle qu'il vient d'acquérir au sujet de Louise.

Mais l'aveuglement explique aussi en partie le comportement de cette dernière. En dépit de son dynamisme et de son habileté à réagir face aux situations complexes, elle semble incapable de considérer Pierre autrement que comme un enfant ou un amant, enfant dont elle conserve des photographies et dont il faut réparer les sottises l'une après l'autre, amant qui lui préfère une rivale. Tout son comportement (lui donner de l'argent, faire venir Nelly à la pension, puis éloigner celle-ci) est guidé par l'objectif de le garder près d'elle. C'est ignorer que, quels que soient ses faiblesses, Pierre est d'abord un adulte autonome, dont les désirs ne coïncident pas avec ceux de sa « marraine ».

La même absence de lucidité, mais peinte avec des couleurs plus riantes, disqualifient les citoyens de Boom qui tiennent les femmes à l'écart des processus de décision et s'avèrent finalement hors d'état de faire face au danger qui semble menacer leur ville, ce qui leur vaut de subir les sarcasmes de la population féminine. Pierre Martel, le légionnaire amoureux du *Grand Jeu*, se berce d'illusions à propos de la femme qu'il aime au point de se mettre en danger. Ainsi, l'adhésion des personnages masculins aux valeurs patriarcales ou leur fascination pour une image trompeuse entre en contradiction avec leurs capacités effectives et leur interdit de voir clair en eux-mêmes, de reconnaître leurs faiblesses et, à partir de ce constat, d'adapter leurs réactions à l'état des choses et à l'état de leurs forces. Les femmes, en revanche, comprennent plus rapidement que les hommes les enjeux de la situation souvent complexe dans laquelle elles sont plongées.

Des femmes capables de transgression

Les héroïnes des films de notre corpus sont souvent conduites à transgresser les règles de la vie sociale et n'ont souvent accès au bonheur qu'en s'écartant des normes morales en vigueur. Parmi cet ensemble, c'est *Pension Mimosas* qui analyse avec le plus de profondeur le coût psychologique d'un tel écart. Louise Noblet n'est pas pour autant le seul personnage féminin qui franchisse la limite entre l'acceptable et l'inadmissible. Certaines héroïnes sont amoureuses d'autres hommes que leur mari : un Russe blanc devenu légionnaire dans *Le Grand Jeu* — on l'apprend au moment de la mort de celui-ci, alors que Mme Blanche semble se désintéresser des hommes —, le duc d'Olivarès (Jean Murat) dans *La Kermesse héroïque*. Flora offre un abri à son mari Fernand qui vit dans l'illégalité (*Les Gens du voyage*). Mme Rose, la patronne de l'hôtel Bijou de *Macadam*, ne recule ni devant le meurtre ni devant les dénonciations. Mais ces transgressions n'ont pas le même poids d'un film à l'autre. Elles peuvent n'être qu'un procédé scénaristique, qu'un élément destiné à pimenter l'intrigue sans que soit mise en œuvre une véritable réflexion sur les normes sociales.

Ainsi, dans *Le Grand Jeu*, Mme Blanche parvient à maquiller en accident le meurtre involontaire commis par Pierre qui, en poussant M. Clément contre une balustrade, a causé sa chute. Procédé narratif classique, l'épisode est préparé dans deux séquences antérieures. Lors de la première, Mme Blanche prévient Pierre de la faible résistance offerte par cette balustrade. Pendant la seconde, les cartes l'avertissent du danger représenté par un « homme blond » pour Clément, ce qui suscite les moqueries de ce dernier. La complicité de Mme Blanche avec Pierre lors de cet épisode du meurtre fait certes franchir à celle-ci la frontière qui sépare le légal du non-légal, mais cette transgression n'est pas source d'interrogations dans la suite de la narration. De même, Flora, la dompteuse de fauves des *Gens du voyage*, se voit contrainte d'accueillir Fernand dans sa roulotte alors que celui-ci, qui s'est évadé du bagne, est poursuivi par la police et n'attend qu'une occasion pour commettre un nouveau méfait. Mais, dans ce cas comme dans celui de Mme Blanche, il s'agit de réagir à une situation face à laquelle on se retrouve brutalement placé. Il en va tout autrement pour Mme Rose, l'hôtelière de *Macadam*, qu'aucune nécessité apparente ne pousse à commettre les crimes que lui dictent la cupidité et l'absence de scrupules. Toutefois, comme le remarque Barry Nevin, « alors que le retour de manivelle misogyne dans le cinéma français de l'après-Libération diabolisait les femmes, *Macadam* suggère que Madame Rose s'est trouvée contrainte de commencer une activité de contrebandière de boissons alcoolisées et de tuer son mari des années avant le début du récit en raison de son manque d'accès au capital et aux droits de propriété. Comme elle le dit en guise de clarification à sa fille, "il [ton père] t'a donné le bon exemple mais je t'ai donné de quoi manger[110]" ». Beaucoup plus intéressante à observer (car elle a des sources plus profondes) est la tension qui s'installe dans l'esprit de Cornélia la Bourgmestre (*La Kermesse héroïque*) et surtout de Louise Noblet (*Pension Mimosas*) — tension entre la nécessité de préserver l'ordre social et celle de satisfaire les aspirations individuelles. Les personnages se cherchent « une place à l'intérieur du

[110] Barry Nevin, « The Very Essence… », *op. cit.*, p. 463.

système […] dans laquelle ils peuvent simultanément pénétrer, sans qu'il y ait contradiction, l'ordre symbolique et la société bourgeoise tout en préservant à la fois l'unité de la famille et une identité individuelle cohérente, une condition du drame marquée par la dualité qui, nécessairement, impose de lourds sacrifices[111] ». Barthélémy Amengual souligne à ce sujet la performance d'actrice de Françoise Rosay qui « porte à la perfection ce personnage de mère/amante – mère/folle – mère/sage, de toute façon condamnée qui fut le sien dans nombre de rôles de sa carrière, et déjà dans *Le Grand Jeu*[112] ». L'image sociale que Louise, patronne d'une pension de réputation honorable, cherche à maintenir est incompatible — si l'on prend en compte les critères moraux de l'époque — avec son attirance pour Pierre. Et le fait que l'espace de la pension, dans lequel Louise évolue, soit à la frontière des deux sphères, publique et privée (on peut y observer, mais on peut aussi craindre d'y être observé), rend le danger encore plus sensible. La différence d'âge et la trop grande proximité, sinon biologique, du moins « familiale », rendent impossible une relation qui serait perçue comme incestueuse. Comme le rappelle Barry Nevin, ce type de situation a d'illustres antécédents en littérature, qu'il s'agisse du mythe de Phèdre et de ses incarnations théâtrales (Euripide, Sénèque, Racine) ou de sa modernisation par Zola (*La Curée*[113]). Or, si l'on se fie aux analyses de Burch et Sellier[114], un des motifs thématiques les plus fréquents que présente le cinéma français des années 1930 est celui du couple formé par une jeune fille et un homme âgé. Néanmoins, toujours selon Nevin, le chercheur Colin

---

[111] Barry Nevin, « Elle t'aime trop… », *op. cit.*, p. 201.
[112] Barthélémy Amengual, *op. cit.*, p. 168.
[113] Barry Nevin, « Elle t'aime trop… », *op. cit.*, p. 201-202.
[114] Noël Burch, Geneviève Sellier, *op. cit.*

Crisp aurait recensé une vingtaine de films français de la même époque montrant une femme amoureuse d'un homme plus jeune qu'elle[115]. De plus, à l'aspect quasi incestueux des sentiments de Louise pour Pierre s'ajoute un autre obstacle, la présence d'une rivale. Rivalité que Feyder a synthétisée en un plan : ainsi, quand Louise déjeune à Paris avec Pierre dans la chambre de celui-ci, le portrait de Nelly apparaît à l'arrière-plan, à gauche, Louise étant assise à droite du jeune homme. Pierre se trouve ainsi placé entre sa marraine et sa maîtresse. Dans une séquence ultérieure, lorsque, à la pension, Louise montre à la jeune femme l'image de Pierre enfant, l'acte peut s'interpréter banalement comme une marque d'attachement, aussi bien à Pierre qu'à Nelly. Quoi de plus anodin que de faire partager aux personnes qu'on estime le plaisir d'admirer les photographies des personnes qui nous sont chères ? Mais, dans le cas de Louise, c'est également signaler qu'on bénéficie du privilège de l'antériorité : elle a connu Pierre longtemps avant Nelly. C'est informer l'autre de sa supériorité statutaire. Nelly est à peine une amoureuse, Louise cumule (certes, de façon problématique) les fonctions d'amoureuse et de mère.

Curieusement, dans ses souvenirs, l'actrice déclare refuser ce type d'interprétation, évoquant plutôt la volonté de Louise de « sauver » de ses mauvaises habitudes et de ses mauvaises fréquentations l'enfant qu'elle a élevé : « … je n'étais pas amoureuse, j'essayais simplement de défendre le jeune homme contre son entourage et contre l'envoûtement néfaste de la femme entretenue[116] ». On peut mettre cette assertion au compte de la distance temporelle. Entre la date de tournage de *Pension Mimosas* et la période de conception de *La Traversée d'une vie*, près de quarante ans se sont écoulés. Pourtant, force est de

---

115 Barry Nevin, « Elle t'aime trop… », *op. cit.*, p. 200.
116 Françoise Rosay, *op. cit.*, p. 197.

reconnaître que de nombreux indices suggérant la nature trouble des sentiments de Louise pour son filleul sont répartis dans la narration. Ainsi, quand elle vient retrouver Pierre dans l'hôtel-restaurant où il vit, hôtel qui fait office à la fois de tripot et de maison de passe, les habitués du lieu (femme de chambre, complices du jeune homme) interprètent la venue de Louise comme la visite d'une « cliente ». On devine que celui-ci officie comme gigolo pour le compte de femmes plus âgées. La même confusion se produit quand des hommes ramènent Pierre blessé et presque inconscient dans sa chambre (il s'est fait agresser par des membres du milieu délinquant à l'intérieur duquel il vit suite à une indélicatesse qu'il a commise). Voulant faire taire les soupçons et se présenter pour ce qu'elle est, c'est-à-dire étrangère à toute transaction prostitutionnelle, elle doit cette fois-ci prendre soin de les détromper. Ce n'est que lorsqu'elle se présente comme étant sa « marraine » que ceux-ci se retirent pour la laisser seule avec Pierre et un ami de celui-ci. Plus tard, lorsque Pierre, revenu dans le Midi, donne des leçons de conduite automobile à Louise, qui retrouve à son contact une forme de joie de vivre que Gaston ne peut lui donner, la voiture se bloque au milieu de la route. Un automobiliste irrité par cet incident (la voiture lui barre le chemin) s'adresse à Louise et à Pierre en les qualifiant ironiquement d'« amoureux ». Dans les trois cas que nous venons de citer, Pierre et Louise sont considérés par les témoins étrangers comme un couple, ce qui est faux et vrai à la fois.

Par ailleurs, les changements qui s'opèrent dans les coiffures et les toilettes de Louise traduisent les sentiments qui l'animent ; elles se modifient surtout à partir du moment où Pierre décide de se réfugier à la pension. Elles représentent pour Louise une manière discrète d'exprimer son désir de séduire Pierre. Mais c'est la seule concevable ; à aucun moment l'expression directe de ce désir n'est envisageable. De plus, en raison de son âge et de son statut social qui, sans être considérablement élevé, réclame une certaine dignité, elle ne peut se permettre d'adopter l'attitude sportive de Nelly qui nage dans une piscine à proximité de la pension. La dépendance affective de Louise à l'égard de Pierre se perçoit lorsque, vers le milieu du film, celui-ci, à qui Louise a refusé une grosse somme, manifeste le projet de quitter la pension. D'un ton très ferme, Louise lui signifie son refus, lui dit qu'il est libre de partir, puis… va vendre un bijou pour lui apporter l'argent — et mieux le retenir.

Particulièrement importante dans cette séquence, ce qu'on peut désigner comme la « deuxième scène des gifles » (après celle du tout début où Louise gifle Pierre enfant parce qu'il a déjà manifesté une appétence pour les jeux d'argent) mérite, en raison de son contenu d'une grande intensité dramatique, qu'on s'y attarde. C'est la raison pour laquelle une analyse plan par plan nous semble ici nécessaire. Dans cette scène, Louise revient à la pension et surprend Pierre en train de lui voler de l'argent. Après un échange violent, tous deux se calment et ont une longue conversation. D'une durée d'un peu plus de 4 minutes, la scène comporte onze plans d'inégale longueur, les plans 4, 8 et 11 étant les plus longs. Ces différences de durée correspondent aux changements d'états psychologiques traversés par les personnages : étonnement de part et d'autre, montée de la colère chez Louise, gifles assénées à Pierre, et enfin retombée de la tension.

La succession des plans est la suivante :

(1) plan d'ensemble (5 secondes) de la façade de la pension : Louise monte un escalier extérieur et rentre par ce qui semble être la porte principale ;

(2) plan de demi-ensemble (7 secondes) : arrivée à l'intérieur, Louise s'apprête à entrer dans son bureau ; elle

marche d'un bon pas mais, soudain, au seuil de la pièce, sa démarche se modifie et se ralentit lorsqu'elle y devine une présence intrigante ;

(3) plan moyen (7 secondes) de Pierre en train de fouiller dans le tiroir d'un secrétaire ; après quelques secondes, il se redresse et prend conscience qu'il n'est plus seul (un panoramique à peine perceptible permet de le recadrer) ;

(4) long panoramique gauche-droite (65 secondes) montrant Louise se rapprochant : elle s'assure, en tournant brusquement la tête, que personne ne l'a vue entrer dans la pièce, ferme la porte afin d'être seule avec Pierre, se débarrasse de son chapeau et de son sac à main, puis s'avance lentement, sans parler, vers lui. La longueur anormale de ce plan et l'absence de dialogues traduisent la tension qui règne entre les deux personnages[117]. Ajoutons que toute cette scène se déroule (comme d'ailleurs la totalité du film, générique mis à part, sans musique extradiégétique), ce qui a pour effet d'accentuer le sentiment de malaise qui s'en dégage. Une fois rapprochée de Pierre — Louise est à gauche de l'écran, Pierre à droite de celui-ci —, elle le gifle trois fois, il lève le bras droit pour se protéger. Elle le saisit au col et le secoue violemment. La position des acteurs face à la caméra s'inverse alors. Ils luttent silencieusement jusqu'à ce que Pierre, qui tient Louise par les poignets, la projette contre un mur ;

(5) plan moyen (2 secondes) de Pierre seul sur l'écran, le regard fixé sur Louise ;

(6) contrechamp (1 seconde) : Louise retrouve l'équilibre et se rapproche de Pierre ;

[117] On retrouve un panoramique long et silencieux, droite-gauche cette fois-ci, dans la séquence suivante, lorsque — autre situation potentiellement difficile — Louise et Gaston vont au-devant de Nelly qu'ils rencontrent pour la première fois.

(7) retour (2 secondes) sur le plan moyen de Pierre qui prononce la première réplique de la scène : « Si tu approches, prends garde ! » ;

(8) léger travelling arrière (durée totale du plan : 78 secondes) : d'abord seule à l'écran, Louise se rapproche lentement de Pierre (qui apparaît de dos en amorce sur la droite de l'écran) et le gifle à nouveau pour montrer que sa menace n'a pas d'effet sur elle. Au bout d'un moment, tous deux se calment, la tension faiblit, la silhouette de Pierre s'affaisse peu à peu, Louise baisse son regard vers le sol en se frottant les mains l'une contre l'autre et se dirige vers un siège installé près du mur. Elle s'y assoit, croise les doigts et se met à pleurer. La caméra la suit tout en maintenant les deux personnages visibles à l'écran. Paul Bernard tourne la tête doucement vers la gauche afin de rester à l'intérieur du cadre ;

(9) plan de Pierre (15 secondes) coupé à la ceinture, regard vers le sol, une mèche retombant sur le front ; on entend Louise pleurer hors-champ ; ému, Pierre sort du champ, en se baissant par le bord droit de l'écran ;

(10) contrechamp, suite du plan 8 (12 secondes), Pierre entre par la droite de l'écran, s'agenouille et rejoint Louise, toujours les doigts croisés, en train de pleurer ; il pose sa tête sur ses genoux. C'est à partir de ce plan que commence véritablement la conversation entre eux ;

(11) plan rapproché des deux acteurs (178 secondes), Rosay assise coupée à la ceinture, seule la tête et les épaules de Bernard étant visibles. Tous deux sont dans les bras l'un de l'autre. En larmes, Louise finit par trouver des excuses au comportement de Pierre, lui annonce qu'elle lui a apporté l'argent qu'il lui a demandé, l'autorise à faire venir Nelly à la pension alors qu'elle voulait le couper totalement de ses relations parisiennes et évoque l'époque où il était enfant. La culpabilité qu'elle déclare ressentir à son égard (elle n'aurait pas compris l'intensité des

sentiments de Pierre pour Nelly) lui sert en fait de prétexte pour retenir le jeune homme auprès d'elle. La fin du plan les montre à nouveau silencieux, Louise esquisse un léger mouvement de balancement, comme si elle berçait Pierre redevenu enfant, installée dans une attitude maternelle qui lui autorise des moments d'affection avec son filleul, alors que ses réactions sont aussi celles d'une amoureuse déçue par l'homme qu'elle aime.

Si nous avons choisi de nous attarder aussi longuement sur cette scène, c'est qu'elle manifeste de façon exemplaire la capacité de Rosay à évoluer d'un état émotionnel à un autre à l'intérieur d'un même plan. Elle révèle aussi l'habileté de Feyder à diriger ses acteurs sans jamais tomber dans l'outrance, à filmer les personnages sans effets de caméra voyants, à se servir de l'espace exigu d'un bureau et des objets qu'il contient (fauteuil, secrétaire), à ajuster le rythme du montage à celui de leurs sentiments.

Le seul moment où cet amour peut clairement s'exprimer — mais sur la base d'un profond malentendu — arrive dans la dernière séquence du film. Louise découvre alors Pierre, qui s'est empoisonné, inconscient sur son lit. L'arrivée de Gaston, qui n'a jusqu'alors rien perçu du drame qui se déroule sous ses yeux, mais a surpris Louise peu auparavant en train de jouer au casino[118], marque chez celui-ci le début d'une prise de conscience. Mais Louise lui demande d'aller chercher un médecin, ce qui le renvoie encore une fois, momentanément, dans les coulisses de l'action. Louise se retrouve donc seule avec Pierre. Comme le signale Barry

118 À l'inverse du café ou du bal populaire, lieux de sociabilité et de convivialité, le casino est généralement perçu comme un lieu malsain et dangereux dans les films de l'entre-deux-guerres, comme le signale Ginette Vincendeau, « From the Bal Populaire… », *op. cit.*, p. 65-66.

Nevin, elle laisse tomber son manteau de ses épaules[119], et elle s'approche de Pierre — deux actes qui peuvent sembler les marques d'une attention maternelle, mais aussi les ingrédients initiaux d'une approche amoureuse. Ce qui suit dissipe toute ambiguïté. Pierre appelle Nelly à plusieurs reprises. Mettant à profit la confusion qui règne dans l'esprit du mourant, Louise lui donne un baiser qui n'a rien de maternel. Toute la situation repose donc sur des bases faussées : l'aspect transgressif du désir de Louise, son caractère incestueux ou pseudo-incestueux, rend impossible tout véritable partage amoureux entre Louise et Pierre. Seul un subterfuge (se faire passer pour une autre) permet un semblant de rencontre. La genèse de cet épisode ne manque pas d'intérêt, car elle nous offre l'exemple d'un processus collectif de création, évoqué en ces termes par Marc-Didier Griselain :

> « …durant l'été 1934, alors qu'ils travaillaient ensemble à l'écriture du scénario de *Pension Mimosas*, Charles Spaak et Jacques Feyder hésitèrent sur la fin à donner à leur histoire. Ce dernier se souvint alors de *Jeanne Doré*, pièce écrite en 1913 par Tristan Bernard, dans laquelle une mère se fait passer auprès de son fils, dans les fièvres de l'agonie, pour la femme aimée et lui donne un baiser sur les lèvres. Charles Spaak s'opposa à cette idée trop mélodramatique […]. Françoise Rosay, désireuse d'interpréter un rôle à caractère dramatique, usa alors de toute sa force de persuasion auprès de son époux[120]… »

Cela rend d'autant plus étrange le refus exprimé par l'actrice, dans son autobiographie, de reconnaître la nature des sentiments qui animent l'héroïne. On sait par ailleurs que, plusieurs années après sa sortie en salle, le film a été censuré par le régime de Vichy. On trouve un rappel de cette censure dans un courrier envoyé aux auteurs après la guerre par Georges Lourau-Dessus, Président Directeur

---

[119] Barry Nevin, « Elle t'aime trop… », *op. cit.*, p. 215.

[120] Marc-Didier Griselain, « Françoise Rosay, Madame Jacques Feyder », *1895*, n° spécial J. Feyder, octobre 1998, p. 45.

général de Filmsonor. Envisageant probablement une nouvelle exploitation de l'œuvre, il y évoque les « mesures d'interdiction qui ont frappé *Pension Mimosas* pendant l'Occupation[121] ». On peut toutefois s'interroger sur les véritables raisons de cette interdiction (qui a concerné d'autres films de Feyder). Plus que la passion trouble de Louise pour Pierre, c'est probablement le départ du couple hors de France et ses opinions hostiles au nazisme qui l'expliquent.

Ajoutons que, si la critique a pu rapprocher *Pension Mimosas* de la *Phèdre* de Racine, il n'est pas impossible d'y déceler une parenté avec *Andromaque*. En effet, dans cette œuvre comme dans le film, le malheur trouve sa source dans l'orientation à sens unique du désir qui habite les protagonistes. Oreste aime Hermione, laquelle aime Pyrrhus, lequel veut épouser Andromaque, mais celle-ci entend rester fidèle à la mémoire d'Hector et protéger son fils Astyanax. Au-delà des différences qui distinguent les œuvres, on trouve dans le scénario de *Pension Mimosas* un schéma comparable. Gaston aime sincèrement Louise qui, insatisfaite, aime Pierre, lequel est amoureux de Nelly, laquelle privilégie l'aisance matérielle et finit par retomber sous la coupe de Romani. Ce qui distingue le scénario de Spaak de la tragédie de Racine, c'est l'interférence profondément perturbante entre sentiments maternels et sentiments amoureux. Les premières séquences du film montrent Pierre enfant dans les bras de Louise, renvoyant clairement celle-ci à son statut de mère. Le récit se prolonge ensuite à une date bien ultérieure, alors que la tragédie racinienne, contrainte par la règle des trois unités,

---

[121] Georges Lourau-Dessus, lettre du 17 juillet 1947 adressée à J. Feyder et Ch. Spaak (FEYDROS 51-B15). Une autre lettre datée du même jour et signée du même nom évoque des mesures similaires pour *La Kermesse héroïque*. Une troisième les évoque pour *Les Gens du voyage*.

ne peut se permettre pareil saut temporel et ne précise pas quelle différence d'âge (s'il y en a une) sépare Phèdre d'Hippolyte. Enfin, si Louise contribue à précipiter Pierre vers le suicide en éloignant Nelly, il s'agit là de la conséquence involontaire de son intervention dans la vie privée du jeune homme, et ce n'est pas ce qui déclenche principalement l'acte d'empoisonnement. En calomniant Hippolyte auprès de Thésée, Phèdre se fait, elle, la cause directe de sa mort.

Par ailleurs, les cas d'adultères, qui pimentent traditionnellement les pièces du théâtre de boulevard, sont rares dans les films tournés par Françoise Rosay entre 1926 et 1952 que nous avons pu visionner. Certes, Cornélia trompe son époux avec le duc d'Olivarès dans *La Kermesse héroïque*. En revanche, outre les sentiments de Louise Noblet pour son fils adoptif dans *Pension Mimosas*, on devine ceux de Mme Blanche pour Nicolas Ivanoff qui vient de mourir dans *Le Grand Jeu*, ou ceux de Gilberte Boulanger pour son futur beau-fils dans *Le Fauteuil 47* (Fernand Rivers, 1937), mais il n'y a pas adultère. L'adultère, quand il a lieu, est strictement sexuel, non affectif, et ne concerne pas le personnage interprété par Françoise Rosay. Ainsi, Jeanne Saint-Clair (Jeanne Boitel), l'héroïne de *Remous* (Edmond T. Gréville, 1933), plus jeune d'une génération que Mme Gardanne, le personnage qu'interprète Rosay, trouve avec Robert Vanier (Maurice Maillot) des satisfactions sexuelles que ne peut plus lui apporter Henry (Henri Galland), son mari devenu impuissant à la suite d'un accident de voiture, mais qu'elle aime toujours.

Succès, maladresses, échecs

Énergie et volontarisme sont la marque singulière des six personnages féminins dont le parcours fait l'objet de nos analyses et leur permettent, en règle générale, de mener leurs entreprises amoureuses avec succès. Mais, comme on a déjà eu l'occasion de le signaler en étudiant, au chapitre précédent, les marques de l'autorité chez ces personnages, ce dynamisme ne leur assure pas toujours la victoire. D'où un éventail de possibilités qui va de la réussite au demi-succès et de l'incident comique à l'échec le plus total, l'atteinte d'un objectif pouvant se solder par une catastrophe. Si l'on met à part *Gribiche* dont l'héroïne est une femme sans vie affective, Françoise Rosay semble confinée dans un registre unique, celui de la maîtresse-femme, qu'il s'agisse de patronnes d'établissements hôteliers (*Le Grand Jeu, Pension Mimosas, Macadam*), d'une Bourgmestre hollandaise (*La Kermesse héroïque*) ou d'une dompteuse de fauves (*Les Gens du voyage*). Et il en va de même dans les films qu'elle tourne sous la direction d'autres réalisateurs. Même lorsqu'elle semble subir des événements dont le cours lui échappe, comme c'est le cas dans *Jenny* (Marcel Carné, 1936) où elle finit abandonnée par son jeune amant lassé d'être entretenu par elle, elle commande et dirige (là, en l'occurrence, un lieu de plaisir).

Les succès auxquels parviennent les héroïnes prennent quelquefois, lorsque les circonstances ne leur offrent aucune alternative, la forme du renoncement. À défaut d'une vie sentimentale heureuse, Mme Blanche parvient à instaurer une distance infranchissable entre les hommes et elle, ce qui lui garantit une tranquillité relative et la protège de la jalousie. Ainsi, l'intérêt excessif porté par M. Clément aux servantes de l'auberge — l'une d'elles quitte son emploi en déclarant à Blanche assise devant son comptoir que « Monsieur est un cochon » — la laisse de marbre, ce détachement lui tenant lieu d'équilibre affectif.

À l'inverse, profondément attachée à son filleul, Louise Noblet prend l'initiative d'un voyage à Paris lorsque nulle autre possibilité de le revoir ne semble envisageable. Elle reprend ainsi contact avec lui. Décidée à le sauver du milieu corrompu dans lequel il vit ou, plus exactement, à le garder jalousement auprès d'elle, elle trouve l'argument décisif, l'argent, pour le faire revenir à Menton, lui proposant même d'y inviter Nelly, la femme entretenue qu'il aime. Puis, lorsque cette stratégie se révèle contre-productive, Louise n'hésite pas à utiliser un procédé des plus contestables afin d'éloigner la jeune femme. Enfin, la détresse de Pierre qui a joué et perdu au jeu l'argent de son patron lui dicte un ultime stratagème également couronné de succès. Elle utilise les papiers d'une cliente de la pension (Héléna Manson), qui se présente elle-même comme une « petite rentière », pour s'introduire au casino et joue pour fournir à Pierre l'argent nécessaire. Au cours de cette séquence, Louise est d'abord embarrassée par sa méconnaissance d'un jeu que par ailleurs elle déteste, ne sachant pas à quel moment elle doit jouer, si elle a gagné ou perdu, et ne comprenant même pas les propos que son voisin de table lui adresse (il lui demande s'il peut la « suivre », c'est-à-dire miser sur le même chiffre qu'elle). Sa maladresse donne à la scène un aspect comique et met en lumière un aspect du talent de la comédienne qui sera largement exploité dans *La Kermesse héroïque*. Quant au stratagème qu'elle invente pour séparer Pierre de Nelly — stratagème qui consiste à communiquer au « protecteur » de la jeune femme l'adresse de celle-ci à la pension —, il ne réussit que trop bien : Nelly s'en va ; désespéré par ce départ et gravement endetté, Pierre se suicide ; l'argent gagné par Louise au casino est dispersé par le vent qui vient de la fenêtre ouverte.

Dans *La Kermesse héroïque,* si les succès de Cornélia la Bourgmestre s'expliquent par des traits de caractère qu'elle partage avec les personnages des films antérieurs (force, détermination, dynamisme), ses échecs ou ses demi-échecs ne proviennent pas seulement de désirs impossibles à concrétiser, mais du cadre social à l'intérieur duquel le personnage et son entourage évoluent. Tourné immédiatement après *Pension Mimosas*, le film met en scène une héroïne contrainte d'agir dans un cadre qui ne lui pas familier et à l'intérieur duquel les repères lui manquent, les échanges quelquefois laborieux avec un membre de l'aristocratie espagnole succédant alors à des jeux d'argent dont on ignore les règles. Cornélia vit à l'intersection de deux classes sociales différentes. Elle appartient à une bourgeoisie provinciale encore proche des classes populaires, comme le sont les notables de la ville qui entourent le mari et leurs épouses qui vont l'aider à préserver la ville d'un drame probable. En effet, les notables qui dirigent la ville de Boom avec le Bourgmestre, le boucher (Alfred Adam), le boulanger (Marcel Carpentier), l'aubergiste (Pierre Labry), le poissonnier (Arthur Devère), sont tous issus des classes populaires, et cette origine leur est régulièrement rappelée par les situations auxquels ils sont confrontés. Tous sont écartelés entre une manière d'être et une identité dans lesquelles ils se reconnaissent, qui leur sont familières (leur faible aptitude à l'héroïsme, leurs origines plébéiennes) et une autre appartenance vers laquelle ils essaient tant bien que mal de se hisser, une image à laquelle ils aimeraient se conformer, faite de virilité combattante ou de distinction sociale. L'arrivée à Boom de l'armée espagnole va exacerber ces contradictions et mettre en situation d'insécurité les habitants de Boom quel que soit leur identité de genre et de classe. En effet, l'incapacité des hommes à apparaître aussi forts et virils qu'ils le prétendent déclenche les sarcasmes des femmes. Or celles-ci éprouvent des difficultés comparables dès lors que, au contact des Espagnols, elles doivent jouer un rôle social qui ne leur est pas familier.

L'une des premières séquences du film montre le « premier échevin » (c'est la fonction que remplit le boucher) se rendre fièrement à l'hôtel de ville — accompagné par de longs travellings latéraux qui inscrivent le personnage dans un contexte précis, la petite ville flamande où se déroule l'action, pleine d'animation à la veille d'une fête locale — pour participer à une réunion avec le Bourgmestre et les autres notables. Il fait certes figure, lui aussi, de notable ; il porte la tenue adéquate. Mais il se voit systématiquement interrompu dans son trajet par des ménagères qui mettent à profit le hasard de la rencontre pour lui commander des morceaux de viande, le renvoyant ainsi avec une malice involontaire à sa condition sociale d'origine. Non sans cruauté, Cornélia le lui signale une nouvelle fois, lorsqu'il participe à la mise en scène imaginée par le Bourgmestre (se faire passer pour mort). Le voyant manipuler des cierges, éléments indispensables du décor funéraire, elle lui recommande de les « manier doucement » : « Ce ne sont ni des côtelettes ni des escalopes ».

De même, les premières scènes du film montrent Cornélia absorbée par la direction des tâches domestiques, participant aux travaux ménagers et ne rechignant pas à exécuter les tâches les plus modestes (faire la toilette d'une enfant, par exemple). Son sens de l'économie se manifeste dans ses recommandations aux servantes ; à l'une d'elles en train de préparer un plat, elle demande de ne pas faire « les épluchures trop grosses ». Cornélia est avant tout une ménagère qui tient à ses meubles et aux ustensiles domestiques. Quand elle entend les notables changer les meubles de place dans la chambre du Bourgmestre, Cornélia craint pour la commode qui lui vient de sa grand-mère et dont « les pieds de derrière sont recollés ». Elle parvient ensuite à prendre la parole pour tenir un discours à ses concitoyennes. Citoyenne de haut rang dans la ville — « Madame la Bourgmestre » —, elle possède de grandes facultés d'organisation. Pourtant, il lui est difficile de garder trop longtemps la dignité qui sied à sa fonction. Elle ne sait comment s'adresser au duc avant leur rencontre : « Monseigneur ? », « Votre altesse ? » Il en va de même pour les épouses des notables qui l'accompagnent lors de la présentation de la clé de la ville au duc d'Olivarès ; l'une d'elle perd même l'équilibre au moment le plus solennel. La mise en scène de cette maladresse peut être interprétée comme une source de comique, ce qu'elle est, mais elle est aussi l'occasion pour les auteurs de proposer une analyse des rapports entre catégories sociales.

La maladresse de l'héroïne se manifeste une fois de plus lors du repas servi en l'honneur du duc et de sa suite. Un valet apporte un écrin au duc d'Olivarès qui l'ouvre. Un gros plan en montre le contenu : trois ustensiles en fer. À la voisine de gauche du duc, qui exprime son étonnement et sa curiosité devant cette « petite fourche », la voix *off* du Chapelain explique qu'il s'agit d'une fourchette. Le duc d'Olivarès montre alors à son auditoire comment se servir de cet outil ; il empoigne la fourchette, la plante dans un morceau de viande, approche l'ensemble de ses lèvres, puis saisit la viande entre ses doigts et porte le morceau à sa bouche. « Quelle adresse ! » s'exclame Cornélia. Après cette démonstration — notons qu'il s'agit d'une des rares scènes du film où le personnage apparaisse sous un jour ridicule —, le duc l'incite à suivre son exemple. Le résultat, désastreux, déclenche le rire bruyant de la poissonnière. Embarrassée par les regards désapprobateurs du duc et de la Bourgmestre, celle-ci s'excuse en avouant que semblable mésaventure lui arrive également lors des enterrements. Les tentatives faites par les participants pour donner tenue et dignité à un repas censé avoir lieu dans la maison d'un mort (le Bourgmestre) se trouvent ainsi rapidement mises en péril.

Cet épisode fait immanquablement penser à l'évolution des manières de table telle que Norbert Elias[122] a tenté de la reconstituer dans son analyse du « processus de civilisation ». De cette étude publiée en allemand peu de temps après le tournage du film, mais traduite en français trente ans plus tard, ni Feyder ni Spaak ne pouvait avoir eu connaissance. La section consacrée à l'usage de la fourchette cite des manuels de savoir-vivre rédigés à une époque largement postérieure à celle où se déroulent les événements fictifs de *La Kermesse héroïque* ; le plus tardif date même de 1859. On mesure le temps qu'il a fallu pour que l'usage de la « petite fourche » se généralise. L'épisode cocasse où se manifeste l'ignorance de Cornélia et de son entourage à ce sujet n'entre donc pas en contradiction avec la vérité historique, si l'on se fie aux analyses du sociologue.

Peu habituée au maniement de la fourchette, Cornélia n'est guère plus à son aise dans un registre qui ne lui est guère familier : la conversation amoureuse. Ses tentatives pour paraître raffinée — voulant imiter le duc d'Olivarès, elle tient des propos dédaigneux sur les membres des classes populaires, alors qu'elle en est encore proche — échouent régulièrement. Après l'exécution d'une danse par un membre de la troupe, Cornélia applaudit à tout rompre ; un regard du duc lui fait comprendre qu'il convient de manifester son enthousiasme avec plus de retenue. Les propos qu'ils échangent ensuite sont le résultat d'un mélange de sincérité et de mensonge : Cornélia tente d'adopter une attitude qui ne lui est pas

[122] Norbert Elias, *La Civilisation des mœurs,* trad. Pierre Kamnitzer, Paris, Pocket, coll. "Agora", 2002, p. 181-274 [1ère édition : Bâle, 1939. Traduction française : 1969].

naturelle, le duc feint d'ignorer ces faiblesses. Cornélia évoque sa tristesse de n'avoir pas voyagé sans qu'on sache s'il s'agit d'un véritable regret ou d'une posture qui se veut distinguée, mais elle est vite trahie par ses lacunes en géographie : elle confond Pise et Venise et déclare qu'elle aurait aimé se baigner dans « la mer… la mer… enfin, la mer qui est par là ». Le comportement du duc est également source de comique. Profitant de l'ignorance de Cornélia, il lui récite des vers de Ronsard dont il s'attribue la paternité. L'orage gronde, elle se jette dans ses bras en lui avouant craindre le tonnerre et les souris ; il lui demande de l'appeler Pedro. De même que les scènes interprétées sur un ton mélodramatique exagéré dans *Gribiche* (lors des récits faits par Édith Maranet de sa rencontre avec le jeune garçon) peuvent s'interpréter comme la volonté de tourner en dérision un certain style de jeu, semble visé ici le sentimentalisme qui a fait vieillir une partie du cinéma de son époque. Cornélia adopte ainsi une attitude qui peut sembler en contradiction avec les traits (force, détermination) que le récit lui a attribués dans les séquences précédentes, mais en partie seulement. Sans illusions sur ce qu'il lui est permis d'espérer pour elle-même, Cornélia pense cependant avant tout au mariage de sa fille ; le ton de sa voix se modifie complètement quand elle évoque ce sujet devant le duc. Comme le remarque Barthélémy Amengual, « lors même qu'elle roucoule avec le galant ambassadeur, la Bourgmestre ne rompt pas sa garde, imperturbablement fixée sur ses objectifs : marier sa fille à son gré, donner une cuisante leçon à son mari[123]. »

On imagine sans peine que pareille ingéniosité ait pu ravir les spectatrices de l'époque. Ainsi, Lilette, une Parisienne qui déclare dans le courrier des lecteurs du magazine *Pour Vous* ne pas considérer *La Kermesse*

---

[123] Barthélémy Amengual, *op. cit.*, p. 171.

héroïque comme un chef-d'œuvre, lui reconnaît tout de même un mérite : « J'ai pourtant éprouvé une petite satisfaction. Il n'y a pas à dire, que ce soit en 1616 ou en 1936… les femmes savent toujours bien se débrouiller. » Et la réponse du responsable de la rubrique va dans son sens : « Heureusement[124] ! » Lorsque le duc lui donne son accord pour l'organisation du mariage, Cornélia se jette spontanément dans ses bras, puis se retient. Une scène comparable, que nous avons évoquée précédemment lors de notre analyse des rapports entre mère et fille, a lieu dans *Les Gens du voyage*. Flora parle à Yvonne de la passion amoureuse dont elle saurait encore être animée, puis s'efforce de se calmer devant la jeune fille, pour laquelle elle joue un peu le rôle de mère, adoptant ainsi un comportement plus en adéquation avec son rôle de femme mûre protectrice.

La fin de la domination masculine ?

Si le caractère inégalitaire des relations entre les sexes et la faiblesse des personnages masculins face à des héroïnes fortes et déterminées apparaissent comme des données récurrentes dans les scénarios, ces situations de déséquilibre n'imprègnent pas pour autant la totalité du matériau fictionnel. On le verra en s'attardant plus particulièrement sur le féminisme ou le pseudo-féminisme de *La Kermesse héroïque*. En effet, non seulement les auteurs laissent parfois s'exprimer une vision plus nuancée et plus positive de la masculinité, mais ils inscrivent toujours dans un cadre somme toute restreint l'image d'émancipation et d'autorité qui émane des personnages joués par Rosay.

---

[124] Collectif, « La parole est aux spectateurs : *La Kermesse héroïque* », *Pour Vous* n° 380, 27 février 1936, p. 11.

Examinons tout d'abord *Le Grand Jeu.* Parce qu'elle montre des légionnaires au service de l'ordre colonial, l'intrigue aurait pu donner lieu à une succession d'actions spectaculaires les mettant aux prises avec les « salopards » (terme d'époque que le personnage de Pierre joué par Richard-Willm utilise et dont c'est la seule occurrence dans le dialogue), c'est-à-dire les combattants nord-africains en lutte contre la domination française[125]. Or le film ne s'engage jamais sur cette voie. Les légionnaires interprétés par Pierre Richard-Willm, Serge Pitoëff et Pierre Larquey ont d'autres combats à mener : contre leurs névroses (ou leur vieillissement, le vieux Gustin refusant d'admettre le déclin de ses forces). Et les femmes ne sont pas toujours mieux traitées : Florence est une mondaine, ou une demi-mondaine, incapable d'aimer ; Irma, également interprétée par Marie Bell, une pauvre prostituée à la mémoire défaillante, mais sincèrement amoureuse du personnage principal. Une fois de plus, le personnage joué par Rosay se distingue par ses qualités et sa force de caractère. Le film suivant, *Pension Mimosas*, reproduit ce schéma : une héroïne déterminée, des hommes faibles, une femme également incapable d'aimer. Aucun des hommes impliqués dans l'intrigue ne donne par conséquent une image valorisante de la condition masculine. Toujours dans un registre négatif, apparaissent également dans certains films de Feyder des figures moins originales d'hommes, non plus faibles, mais dangereux, qui renvoient aux conventions du film policier : Romani, le « protecteur » de Nelly dans *Pension Mimosas,* Fernand, l'évadé de Cayenne marié à Flora la dompteuse

[125] Pensons aux paroles du *Fanion de la légion,* chanson écrite en 1936 par Raymond Asso, un ancien légionnaire, et chantée par Marie Dubas, puis par Édith Piaf : « Comme la nuit couvre la plaine / Les salopards vers le fortin / Se sont glissés comme des hyènes. / Ils ont lutté jusqu'au matin. »

et les truands qui le retrouvent pour dérober l'argent du cirque dans *Les Gens du voyage*, Victor Ménard, le gangster interprété par Paul Meurisse dans *Macadam.*

La Kermesse héroïque propose de la faiblesse des hommes un traitement plus explicite que dans les films précédents, l'adoption du registre comique entraînant inévitablement un grossissement du trait. Dès le début, les arquebusiers qui s'entraînent pour la parade du lendemain sont présentés comme incapables de manier correctement leur arme, l'un d'eux expliquant sa maladresse par son état de santé : « C'est rapport à mon lumbago ». Les notables réunis à l'hôtel de ville, où ils se font portraiturer en groupe par le jeune peintre Breughel et, plus généralement, les hommes de la ville de Boom ne brillent guère par leur énergie et leur perspicacité. Tous préfèrent accepter d'éventuelles infidélités de leur femme plutôt qu'un affrontement avec les soldats espagnols. Une fois marié avec Siska, Breughel choisit de rester au lit plutôt que de regarder les Espagnols partir de Boom comme celle-ci l'y invite (« Quels Espagnols… ? »).

La scène où se manifeste le plus explicitement la critique du pouvoir masculin est celle dans laquelle Cornélia, du haut des marches de l'hôtel de ville, s'adresse aux femmes de Boom réunies pour l'écouter. Elle arrive à un tournant de l'intrigue, alors que vient d'être annoncé le passage des troupes espagnoles à Boom. Ce tournant va scinder le film en deux parties de longueurs inégales : avant l'arrivée des soldats espagnols, pendant leur séjour dans la ville. Mais, plus important, il va conduire à un changement de perspective concernant la vision de la masculinité que le film propose.

Après la dispersion d'un rassemblement où sont données les directives du Bourgmestre aux habitants de Boom, Cornélia, ayant gravi l'escalier qui orne la façade de l'hôtel de ville, s'adresse aux citoyennes de la ville. La scène se déroule sous la forme d'un champ-contrechamp où des plans de l'héroïne en légère contre-plongée alternent avec des vues d'ensemble montrant la foule des habitantes d'où se détachent quelques individualités. Aux exhortations de Cornélia à remplacer les hommes répondent des femmes dubitatives quant à leur capacité à prendre en main les affaires de la cité : « Gouverner, c'est l'affaire des hommes. Nous ne saurons pas nous y prendre ». S'engage alors un échange sur l'aptitude au commandement : « Au contraire, nous y sommes depuis longtemps préparées. Ne gouvernons-nous pas déjà notre maison ? Ne commandons-nous pas à nos enfants ? — Mais à des hommes ? — Des hommes ? C'est beaucoup plus facile ! » Échange qui évoque celui qui, dans la comédie d'Aristophane, a lieu entre Lysistrata et un magistrat athénien qui lui demande :

> « Comment donc serez-vous capable d'apaiser tant de désordre dans le pays et d'y mettre fin ? — Tout simplement. — Comment ? Montre. — Comme nous faisons notre fil ; quand il est emmêlé, nous le prenons comme ceci et le soulevons avec nos fuseaux de-ci de-là. De même nous dénouerons cette guerre, si on nous laisse faire, en démêlant l'écheveau au moyen d'ambassades envoyées de-ci de-là[126]. »

La suite des propos de Cornélia prend la forme d'une protestation contre l'oppression d'une identité de genre par une autre, protestation où se retrouvent les éléments attendus d'un discours féministe : « Nous nous sommes trop longtemps laissé faire. Nous avons accepté la domination des hommes parce que nos mères et les mères de nos mères la subissaient déjà ». Ce dialogue a inspiré à un journaliste de *Cinémonde*, en guise de légende à une photographie de Françoise Rosay prise au moment du

[126] Aristophane, *Lysistrata*, trad. Hilaire Van Daele, Paris, Les Belles Lettres, coll. ''Classiques en poche'', 2016, v. 565-571.

tournage, la remarque suivante : « Madame la Bourgmestre était féministe avant la lettre[127] ! »

La séquence a d'ailleurs été projetée lors d'une réunion féministe lors de laquelle, en présence de Louise Weiss, l'actrice s'est adressée au public. Elle y a souligné combien étaient comparables la situation des femmes hollandaises du XVIIe siècle mises en scène dans le film et celle des Françaises de 1936[128]. Bien plus tard, en 1974, elle raconte dans la même tonalité à Colette Mars, l'interlocutrice qui met en forme ses souvenirs, un épisode où transparaissent ses convictions à ce sujet. Pendant son séjour en Afrique du Nord, lors du tournage de *L'Atlantide* (1920), elle est invitée avec d'autres membres de l'équipe chez un écrivain originaire de la région qui vit dans une ferme en plein désert. « Notre romancier suivait sa femme du regard, la pauvre femme n'osait pas boire, ni manger. Il lui faisait signe et elle buvait, il refaisait signe et elle mangeait[129]. » Précisons cependant que, dans les films de notre corpus, on ne relève pas d'autre occurrence de ce type de déclaration, qu'on qualifierait volontiers de militante. Aucune des héroïnes des films que nous étudions ici ne porte de revendication aussi explicite, et la présence même de ces paroles dans la bouche de la Bourgmestre est trompeuse ; le reste du film ne va d'ailleurs pas s'engager dans cette voie. Cette séquence est immédiatement suivie par une ellipse destinée à cacher temporairement aux spectateurs la stratégie mise en place par Cornélia face aux Espagnols. Le groupe des femmes est dans un premier temps filmé de loin, la caméra épousant alors le point de vue du Bourgmestre enfermé

---

[127] *Cinémonde* n° 369, 14 novembre 1935, p. 844.

[128] Myriam Juan, *''Aurons-nous un jour des stars ?'' : une histoire culturelle du vedettariat cinématographique en France (1919-1940)*, Université Paris-I, thèse dirigée par Pascal Ory, p. 768.

[129] Françoise Rosay, *op. cit.*, p. 95.

dans la chambre où il fait le mort. La deuxième partie du film va s'orienter vers une vision des rapports de genre qui, alors même qu'apparemment sont glorifiées l'habileté des femmes et leur intelligence des situations, ne remet plus aussi vigoureusement en cause la domination patriarcale.

En effet, après l'entrée des Espagnols dans la ville de Boom, la critique de la vanité masculine perd son caractère systématique. Les préparatifs de la kermesse et leurs réactions à l'arrivée imminente de l'armée ont donné des Flamands une piètre image. Le défilé des soldats espagnols s'accomplit en revanche sous le regard des habitantes qui découvrent avec admiration une forme différente de masculinité. Ce n'est donc pas l'angle d'attaque féministe qu'on croyait avoir décelé dans le discours de Cornélia qui va désormais orienter les événements. D'ailleurs, avant même sa prise de parole devant les femmes de Boom, quand les messagers de l'armée espagnole détachés pour annoncer le passage de celle-ci sortent de la ville où ils ont terrorisé les notables et la population, Cornélia exprime devant son époux effrayé la fascination qu'elle éprouve pour « ces saltimbanques [qui] montent à cheval avec grâce ». En fait, ce que les personnages féminins reprochent aux hommes de leur entourage, c'est leur inaptitude à honorer les valeurs viriles dont ils se réclament et leur incapacité à regarder en face cette réalité. Ces valeurs traditionnelles — force, courage, détermination… — ne sont pas contestées en elles-mêmes. Le contraste qui oppose le duc d'Olivarès et le Bourgmestre symbolise bien cette opposition entre deux types de masculinité : une « virilité » authentique et une virilité d'apparat dont n'existent que les marques extérieures. Ainsi, le stratagème utilisé par le personnage pour échapper à une situation jugée dangereuse — Cornélia lui ayant certifié qu'en cas d'occupation militaire, c'était le Bourgmestre qu'on pendait en premier — ne trompe pas longtemps le duc. C'est volontairement, par affection pour elle, qu'il feint de se laisser duper, l'eau bénite qu'il jette sur le visage du Bourgmestre étant une manière de signifier son mépris à celui-ci. Le « féminisme » de *La Kermesse héroïque* peut donc nous sembler bien timide ; mais un tel point de vue se doit de tenir compte de la distance (presque un siècle) qui nous sépare de l'époque où l'œuvre a été conçue.

Les soldats espagnols ne sont toutefois pas dépeints systématiquement sous un jour flatteur. Certes, à aucun moment le duc d'Olivarès n'est montré dans une posture qui le rabaisse, même si son maniement de la fourchette laisse à désirer et si sa propension à s'attribuer la paternité de vers de Ronsard laisse perplexe. En revanche, les hommes qui l'accompagnent, le nain (Delphin) et le Chapelain (Louis Jouvet), n'ont pas tous son charisme. Ce dernier parvient toutefois à susciter de l'intérêt chez les dames en leur parlant des tortures de l'Inquisition avec un plaisir sadique. Tous deux sont présentés comme cupides et retors, le nain obtenant de l'argent du Bourgmestre en échange de son silence sur le fait que celui-ci est bien vivant — argent bientôt repris par le Chapelain, qui par ailleurs joue, boit et se montre sensible aux avances que lui font les femmes. Siska et Breughel le retrouvent d'ailleurs ivre alors qu'ils le cherchent afin de célébrer leur mariage. Des mercenaires expliquent à des habitants de Boom rencontrés à la taverne qu'ils combattent pour celui qui les rémunèrent le plus généreusement, qu'ils sont prêts à se vendre « au plus offrant », ce que leurs interlocuteurs flamands trouvent tout naturel : « Ils sont comme nous ». Il est toutefois permis de s'interroger sur la vraisemblance historique de cet épisode, ou du moins sur le sens qui lui est attribué. Choquant pour un spectateur français de 1936, dans l'esprit duquel le concept d'État-nation était fortement inscrit, ce comportement l'était probablement beaucoup moins en 1616.

Plus surprenant, une séquence montre un lieutenant espagnol uniquement préoccupé par ses travaux d'aiguille, bientôt rejoint par un habitant de Boom adepte de la même activité qui engage avec lui une discussion sur les différents types de points. Sans doute faut-il voir là l'utilisation d'un procédé comique fondé sur l'inversion des stéréotypes de genre, la féminisation de personnages masculins ayant été ou étant encore perçue comme plus dégradante, et donc plus comique, que la transformation inverse. On peut alors s'interroger, en prenant en compte non pas cette courte scène, qui n'a qu'une fonction marginale dans le déroulement de la narration, mais le renversement qu'instaure Cornélia en donnant aux femmes temporairement le pouvoir, si elle n'introduit pas dans le récit (récit qui se présente comme celui d'une kermesse, d'une fête) une dimension carnavalesque. Rappelons que, pour celui qui en a été le théoricien le plus célèbre, Mikhaïl Bakhtine, le carnaval a des fonctions bien précises au Moyen Âge : permettre la participation de tous et produire un renversement des pratiques ordinaires. En effet,

> « le carnaval ignore toute distinction entre acteurs et spectateurs. [...] Les spectateurs n'assistent pas au carnaval, ils le *vivent tous*, parce que, de par son idée même, il est fait pour *l'ensemble du peuple*. [...] Impossible d'y échapper, le carnaval n'a aucune frontière *spatiale* [souligné par l'auteur][130]. »

L'action de *La Kermesse héroïque* se déroule certes alors que sont terminées la période médiévale et la Renaissance. Toutefois, conformément à la définition bakhtinienne du phénomène, la population de Boom

---

[130] Mikhail Bakhtine, *L'Œuvre de François Rabelais et la culture populaire au Moyen Âge et sous la Renaissance,* trad. Andrée Robel, Paris, Gallimard, coll. « Tel », 1982, p. 15.

semble devoir participer tout entière aux festivités. Seule l'arrivée de la troupe espagnole modifie cette situation, la partie masculine de la population s'excluant alors délibérément des festivités par crainte d'éventuelles violences. Enfin, le renversement décrit par Bakhtine se produit en partie. Celui-ci évoque les « permutations constantes du haut et du bas (''la roue''), de la face et du derrière », « les formes les plus diverses de parodies et de travestissements, rabaissements, profanations, couronnements et détrônement bouffons ». Selon lui, « la seconde vie, le seconde monde de la culture populaire s'édifie dans une certaine mesure comme une parodie de la vie ordinaire, comme un ''monde à l'envers''». Que, face à des hommes apeurés ou se livrant à des travaux d'aiguille, des femmes prennent les rênes de leur ville, c'est bien là opérer une inversion des attitudes habituelles. Et certains personnages, tel le nain qui remplit traditionnellement le rôle du bouffon ou l'ecclésiastique lubrique et amateur de bonne chair, représentation anticléricale non moins traditionnelle, y participent à leur manière. Mais est-on pour autant autorisé à voir dans la kermesse de Boom, « le triomphe d'une sorte d'affranchissement provisoire de la vérité dominante et du régime existant, d'abolition provisoire de tous les rapports hiérarchiques, privilèges, règles et tabous », le règne d'« une forme de contacts libres, familiers entre des individus séparés dans la vie normale par les barrières infranchissables que constituaient leur condition, leur fortune, leur emploi, leur âge et leur situation de famille[131] » ? Force est de reconnaître que le renversement se limite à cette prise de pouvoir temporaire par les femmes, ou plutôt par Cornélia. À aucun moment les hiérarchies sociales ne sont renversées. Le malaise que ressent l'héroïne à plusieurs reprises face à ses visiteurs en

[131] Mikhail Bakhtine, *ibid.*, p. 18-19.

est la meilleure preuve. Consciente de sa maladresse au regard d'usages sociaux dont elle n'a pas la maîtrise, Cornélia ne cherche qu'à s'y conformer, non à les contester.

On est donc très loin d'une défaite de la domination masculine. Les femmes de la ville de Boom parviennent certes à protéger celle-ci des violences de la guerre, mais elles ne prennent pas les armes comme le feraient les hommes. Elles s'engagent dans une lutte plus subtile, qui respecte le cadre des assignations de genre auxquelles elles doivent se conformer. Le discours de Cornélia le dit d'ailleurs clairement : « La femme depuis le Paradis terrestre a toujours gardé la supériorité de l'armement ». Une séquence montre l'épouse de l'aubergiste visitant l'une après l'autre les chambres où sont hébergés certains soldats. La caméra reste systématiquement à l'extérieur, dans le corridor qui permet ces déplacements au personnage, ce qui donne lieu à de longs plans fixes sans figure humaine. Inhabituels dans le cinéma narratif classique, ces plans signalent, lorsqu'ils y apparaissent, qu'est sur le point ou en train de se produire une action que l'instance narrative choisit de ne pas montrer, mais qui est généralement pour le spectateur facile à imaginer. On ne suivra pas ici Pierre Billard, qui interprète cette attitude comme une capitulation : « À la lâcheté des hommes, quand les Espagnols arrivent, s'oppose l'esprit de résistance des femmes, vite entamé […] quand l'envahisseur se révèle courtois, généreux, séduisant[132] ». Le rapprochement des Flamandes avec les Espagnols n'est pas un renoncement. Miser sur leurs capacités de séduction est le moyen le plus à leur portée en tant que femmes pour sauver leur ville (et le seul vraiment concevable pour le scénariste s'il veut maintenir la totalité

---

[132] Pierre Billard, *L'Âge classique du cinéma français : du cinéma parlant à la Nouvelle Vague*, Paris, Flammarion, 1999, p. 77.

du récit dans le même ancrage générique, celui de la comédie) — ce que le public de l'époque n'a d'ailleurs pas toujours apprécié. La réception du film a été quelquefois tumultueuse : « …incidents graves à Anvers et à Gand, interdiction du film à Bruges et, pour couronner le tout, lettre fulminante du général de Kempeneer aux journaux ! […] Quel beau film cependant[133]… » *La Kermesse héroïque* a déclenché « des émeutes en Flandres, où une partie du public se considéra comme insultée. » On imagine en effet ce qu'ont pu ressentir les nationalistes flamands devant cette peinture de la patrie sauvée grâce à la disponibilité sexuelle des mères de famille. « Plus tard (à partir de 1938), le film fut considéré comme munichois et, après 1940, comme collaborationniste[134] ».

Comme le rappelle Georges Sadoul,

> « on put estimer, après 1940, que *La Kermesse héroïque* avait traité de chimère l'oppression d'une nation, ridiculisé la possibilité de sa résistance à l'envahisseur, préconisé une idylle où les vaincus sauvegardent leur bonheur en pourvoyant la table et le lit de leurs vainqueurs. Cette interprétation *a posteriori* est bien éloignée des intentions vraies des auteurs et du sens que le grand public de 1935 donna à leur film[135]. »

Produit par la Tobis, le film fut donc accusé de servir les intérêts de l'Allemagne hitlérienne, alors que

> « les intentions du réalisateur […] relevaient d'un pacifisme ancien, sans pour cela obligatoirement annoncer la "collaboration" dans laquelle, cinq ans plus tard, devaient se lancer les flamingants adversaires de la *Kermesse*… Le Dr Goebbels avait retiré le film de la circulation en 1939. Il fut

---

[133] « La parole est aux spectateurs : *La Kermesse héroïque* », *Pour Vous* n° 384, 26 mars 1935, p. 11.

[134] Pierre Billard, *op. cit.*, p. 77.

[135] Georges Sadoul, *Le Cinéma français, 1890-1962,* Paris, Flammarion, 1962, p. 75.

interdit tant que la guerre dura en Allemagne et en Europe occupée[136]. »

Si ces interprétations politiques dictées par les inquiétudes de l'époque ne s'interposent plus aujourd'hui entre l'œuvre et nous, il faut toutefois reconnaître que ce qui fait la force des femmes dans cette comédie — leur capacité à amadouer les soldats espagnols — fait aussi leur faiblesse ; une fois de plus, elles se font objets du désir des hommes, non leurs égales. À l'inverse de la stratégie adoptée par l'héroïne d'Aristophane, elles ne misent pas, pour protéger leur ville de tout acte de violence militaire, sur le sentiment de frustration infligé aux hommes en les privant de tout rapport charnel. Tout ceci n'est d'ailleurs que de courte durée : une après-midi, une nuit. L'énergie, le dynamisme, voire l'autoritarisme, de la Bourgmestre ne peuvent faire oublier que sa marge de manœuvre est beaucoup plus limitée qu'elle ne le semble de prime abord. Il lui est impossible de vivre librement ses expériences amoureuses. Une fois le duc d'Olivarès parti, elle n'a plus comme perspective qu'un retour vers une vie conjugale peu exaltante. Le départ des troupes espagnoles lui offre seulement l'occasion d'adresser un signe d'adieu triste et discret au duc. Très vite, Cornélia a conscience de la nécessité, une fois terminée la visite des troupes espagnoles, de restaurer l'ordre patriarcal temporairement malmené. Alors que le déroulement des événements s'est fait sous son impulsion, « au dénouement, Mme la Bourgmestre triomphante s'effacera afin de rendre son honneur et son rang à son mari[137] ». On peut interpréter cette scène où, devant la population de Boom, Cornélia rend hommage à l'action courageuse du Bourgmestre au service de la ville, comme

---

136 Georges Sadoul, *Histoire du cinéma mondial : des origines à nos jours*, Paris, Flammarion, 1966, p. 280.

137 Barthélémy Amengual, *op. cit.*, p. 170.

participant à un processus de réécriture de l'Histoire visant à effacer le rôle des femmes dans celle-ci.

L'exemple de *La Kermesse héroïque* est symptomatique des hésitations d'une époque confrontée à des changements face auxquels elle ne sait quelle attitude adopter. Comme le remarque Irène Jami, « les normes traditionnelles définissant les rôles masculin/paternel et féminin/maternel sont défendues avec d'autant plus de vigueur que l'évolution de la société semble les menacer[138]... » Aucune des héroïnes incarnées par Rosay ne reste cloîtrée dans son foyer, mais l'éventail des activités qui leur sont permises demeure restreint. Il peut s'agir de métiers artistiques ou en lien avec le monde du spectacle : Flora, la dompteuse de tigres des *Gens du voyage*, travaille dans un milieu (le cirque) qui a lui aussi ses critères de répartition des tâches entre les sexes. Mais, en règle générale, les professions qui sont couramment réservées aux femmes apparaissent comme des prolongements de la maternité. Les tenancières d'hôtels (*Pension Mimosas*, *Le Grand Jeu*, *Macadam*) sont censées prendre soin de leurs clients, les dames de charité des miséreux qu'elles aident (*Gribiche*) et les infirmières de leurs patients — pensons au personnage de Françoise Schaefer, si appréciée des blessés de guerre dans *Paix sur le Rhin* (Jean Choux, 1938) — comme les mères de famille prennent soin de leurs enfants. Régner dans la sphère domestique ou lors d'activités professionnelles dévolues aux femmes et dans les limites desquelles elles doivent se maintenir ne suffit donc pas pour ébranler la domination des hommes, dont le champ d'action est beaucoup plus large et qui, pour prendre un exemple parmi

---

[138] Irène Jami, « La France entre les deux guerres », in Geneviève Dermenjian, Irène Jami, Annie Rouquier, Françoise Thébaud (dir.), *La Place des femmes dans l'histoire : une histoire mixte,* Paris, Belin, p. 301.

d'autres que les films de notre corpus n'abordent jamais, ont le droit de vote.

D'autres images de la masculinité apparaissent cependant dans les films, et la critique des comportements masculins ne s'applique pas à tous les personnages d'homme. Même s'ils ne sont guère nombreux, des exemples positifs sont repérables. *Gribiche* propose une figure alternative d'éducateur, le mécanicien d'Édith Maranet (André Dufour) qui se montre compréhensif avec Antoine Belot-Gribiche et, contrairement au reste des domestiques, perçoit la détresse du jeune garçon séparé de sa mère et soumis à un régime pédagogique dictatorial. En faisant intervenir ce dernier, « le film donne aussi […] une version positive de l'instruction » qui ne correspond pas au modèle préconisé par Édith Maranet, instruction qui passe par « l'apprentissage de la mécanique auquel il [Gribiche] trouve plus d'intérêt qu'à ses cours de mathématiques. Dans cette opposition, c'est tout un débat sur la pédagogie qui transparaît[139] ». Le duc d'Olivarès offre à Cornélia, le temps d'une nuit, l'amour que le Bourgmestre ne peut lui donner. François, le vendeur de rue de *Macadam* dont s'éprend Simone, propose une autre image masculine également positive. Présenté comme l'opposé de Victor Ménard, il finit cependant, après avoir courtisé Simone, par céder aux avances de Gisèle.

Une particularité notable de notre corpus est l'absence en son sein des « vieilles filles ». Presque unanimement rejetées par la société à une époque où la population masculine a été saignée par la guerre et où il n'est donc pas toujours facile de trouver un compagnon acceptable, elles font régulièrement l'objet de sarcasmes et de commentaires désobligeants. Ces vieilles filles dont on

---

[139] Marc-Emmanuel Mélon, *op. cit.*, p. 91.

trouve tant d'exemples dans le cinéma de l'époque, qui les dépeint volontiers comme revêches et désagréables, sont peu ou pas représentées dans les films qui nous intéressent, mis à part une cliente de Louise Noblet dans *Pension Mimosas* (la « petite rentière » interprétée par une Héléna Manson plus avenante et souriante que d'habitude). Concernant les œuvres qu'elle a tournées avec d'autres réalisateurs, il arrive que Françoise Rosay interprète des rôles de femmes non mariées : Françoise Schaefer dans *Paix sur le Rhin* (Jean Choux, 1938) ou Catherine II de Russie dans *Le Joueur d'échecs* (Jean Dréville, même année) ; mais ces personnages ne correspondent en aucun cas au stéréotype de la « vieille fille » rejetée par les hommes. L'une est une femme charmante courtisée par un homme qui veut l'épouser (Rolla Norman, qui a joué dans *Gribiche*) ; l'autre utilise son pouvoir d'impératrice pour attirer vers elles de jeunes hommes, dont Serge Oblonsky, un Russe ami des rebelles polonais interprété par Bernard Lancret, l'amoureux de Siska dans *La Kermesse héroïque*.

Pour conclure au plan des relations de genre que les films nous proposent, on remarque que la vie conjugale des héroïnes y est toujours montrée comme insatisfaisante ou malheureuse, la responsabilité de ce déséquilibre incombant aux hommes. À ce titre, *Macadam* apparaît comme une exception. La criminelle Mme Rose n'y est pas le porte-parole du film, mais une figure négative caractéristique du « réalisme noir » d'après-guerre : les temps ont changé. La seule union harmonieuse est celle que Cornélia parvient à faire officialiser entre sa fille et le peintre que celle-ci souhaite épouser. Mais, là également, des signes négatifs viennent assombrir la perspective : Breughel ne possède pas les qualités « viriles » attendues d'un bon mari ; le duo plaintif qu'il forme avec Siska suscite les railleries de sa future belle-mère ; il s'avère incapable de la soulever lorsque celle-ci le lui demande, ce qu'elle commente par l'exclamation « Pauvre Siska ! ». Il serait cependant hasardeux de considérer la série de couples désunis que les films nous présentent comme résultant d'une volonté propre aux auteurs de dresser un tableau systématiquement négatif de la vie conjugale, et cela pour plusieurs raisons. Une première raison pourrait être rattachée à un principe narratif : le bonheur n'est pas générateur de fiction ; les conflits entre les êtres sont infiniment plus productifs de ce point de vue. Ajoutons que le bonheur conjugal est envisagé comme tout à fait possible lorsque le scénario situe le conflit à un autre niveau, entre enfants et adultes ou à l'intérieur d'un groupe d'enfants ; c'est le cas dans *Gribiche* ou dans *Visages d'enfants*, film antérieur au précédent et dans lequel Françoise Rosay ne joue pas. Une deuxième raison de cette surreprésentation des couples mal assortis tient à la place que le film a pour objectif de ménager à l'actrice. L'entourer de figures dévalorisées par les données du scénario permet de mieux mettre en lumière une comédienne dont la forte personnalité commence à être reconnue au cinéma, même lorsqu'elle ne semble pas *a priori* tenir le rôle principal, comme dans *Le Grand Jeu*.

On peut alors légitimement s'interroger sur les raisons qui ont incité le cinéaste et ses scénaristes successifs à montrer des hommes affaiblis, prisonniers de leurs illusions, incapables de remplir le rôle dominateur que leur assigne la société patriarcale et, par la même occasion, s'interroger sur la chronologie du processus créatif engagé pour ces œuvres. Les auteurs ont-ils eu pour objectif premier de construire une critique de la domination masculine et ont-ils trouvé, dans un second temps, en la personne de Françoise Rosay, l'actrice la plus à même de déstabiliser cette domination et d'incarner une féminité dominatrice et volontariste ? Ou est-ce la présence de l'actrice aux côtés du réalisateur qui a orienté l'écriture des scénarios de façon telle qu'une place correspondant à son tempérament et à sa *persona* devait lui être attribuée à l'intérieur de ceux-ci ? Il est probablement impossible de répondre à ces questions, si tant est qu'elle présente une véritable importance pour la compréhension des films. Le fait que l'actrice ait été à l'origine de la conception de *Gribiche* — c'est elle qui a découvert l'œuvre littéraire à partir de laquelle le scénario allait être construit — inciterait à opter pour la deuxième possibilité. De même, selon Pierre Billard, qui minimise de façon contestable l'intérêt de l'intrigue de *Pension Mimosas* et juge que « l'histoire de cette patronne de pension [...] n'est pas passionnante », ce film « vise surtout à offrir un grand rôle dramatique à Françoise Rosay, dont Jacques Feyder découvre sur le tard le talent exceptionnel[140] ». La remarque s'applique davantage encore à *Une femme disparaît*, tourné en Suisse pendant la guerre, et clairement construit en fonction de la personnalité de la comédienne à qui est offerte l'occasion de montrer son aisance à passer d'un rôle à l'autre.

Mais le point le plus important qui reste à éclaircir concerne la critique de la domination exercée par les hommes. *La Kermesse héroïque* est emblématique à cet égard des limites auxquelles se heurte le discours « féministe » qu'on serait tenté d'y déceler à première vue. Plutôt qu'une revendication d'un partage équitable des pouvoirs et des décisions, le film montre comment s'opère, ne serait-ce que de façon temporaire, le rééquilibrage des forces quand la répartition de celles-ci souffre d'un déséquilibre important. Lorsque Siska demande à sa mère si le Bourgmestre acceptera son union avec Breughel, Cornélia lui répond qu'elle donne son

---

[140] Pierre Billard, *op. cit.*, p. 77.

accord et que cela suffit. Ce qui est revendiqué n'est donc pas l'égalité, mais la nécessité d'occuper une fonction que le titulaire officiel est incapable ou indigne de remplir. Ainsi, la détermination des héroïnes ne trouve bien souvent face à elle que des spécimens affaiblis de la population masculine. Une partie de la force dont elles font preuve tire donc son origine, si l'on peut dire, de la faiblesse de l'adversaire. Lorsqu'elles trouvent sur leur chemin un personnage apte à manifester une capacité de résistance imprévue, il ne s'agit pas d'un homme, mais d'une femme (Nelly, dont le filleul de Louise Noblet est amoureux dans *Pension Mimosas*, ennemie redoutable, mais que Louise parvient à l'éliminer) ou d'un enfant d'une douzaine d'années (Édith Maranet doit capituler devant Gribiche). Il en va autrement quand les hommes ont la force nécessaire pour s'imposer. Face au duc d'Olivarès, Cornélia perd souvent contenance ; elle a également besoin de son appui pour forcer le « premier échevin » (le boucher amoureux de Siska) à exécuter les formalités indispensables pour le mariage de sa fille. Et la distinction naturelle du duc souligne bien souvent les lacunes de son éducation.

Il n'est donc jamais question pour les héroïnes de conquérir l'égalité par rapport aux hommes. On l'a dit, une fois les Espagnols partis de Boom, Cornélia la Bourgmestre doit retrouver la vie maritale sans relief qui est la sienne. Seules des circonstances exceptionnelles expliquent qu'elle ait pris la direction des affaires de la ville. Quant aux professions qu'exercent les héroïnes des autres films de Feyder auxquels nous nous intéressons ici, elles relèvent toutes de domaines dévolus aux femmes. Qu'une femme s'occupe d'action sociale ou soit tenancière d'auberge (ou mère supérieure d'un couvent) et qu'elle y fasse preuve d'autorité, il n'est pas sûr que cela ait été perçu dans l'entre-deux-guerres comme une transgression des limites imposées par les conceptions de l'époque sur les identités de genre. Être aubergiste, infirmière ou institutrice, s'occuper de « bonnes œuvres » revient à prendre soin d'autrui, à continuer d'endosser un rôle maternel. Être comédienne ou dresseuse de tigres, c'est adopter une attitude consistant à jouer de son charme en s'attachant à divertir un public mixte, et plus particulièrement sa composante masculine, comme les « femmes de mauvaise vie » auxquelles les comédiennes ont longtemps été assimilées. Vouloir pratiquer un métier situé à l'extérieur de ce cadre — chimiste, médecin — aurait été autrement audacieux.

Or les films de Feyder que nous analysons ne présentent jamais ce cas de figure comme d'autres cinéastes ont pu le faire. Pensons à Hélène Wilfur (Madeleine Renaud) qui doit lutter pour devenir chimiste dans *Hélène* (Jean Benoît-Lévy, Marie Epstein, 1936) ou, dans un film tourné à une date postérieure, à Marie Prieur (Micheline Presle), l'héroïne de *L'Amour d'une femme* (Jean Grémillon, 1953), médecin sur l'île d'Ouessant. Ajoutons également qu'à aucun moment n'apparaît chez Feyder la question du choix entre vie professionnelle et vie familiale, les deux domaines n'étant jamais présentés comme incompatibles (toutefois, Louise Noblet rappelle à Gaston, au début de *Pension Mimosas*, qu'elle a sacrifié sa carrière de chanteuse d'opéra pour sauver la pension au bord de la faillite). Il en va bien différemment dans le film de Grémillon où, placée devant un dilemme — exercer son métier dans la solitude sur l'île d'Ouessant ou y renoncer pour vivre avec l'ingénieur André Lorenzi (Massimo Girotti) —, l'héroïne choisit la première solution. L'option inverse apparaît, en revanche, quelques années plus tard, dans un film comme *Donnez-moi ma chance* (Léonide Moguy, 1957). Nicole Noblet (Michèle Mercier) y renonce au cinéma au moment où sa carrière semble véritablement commencer. Alors que des producteurs lui offrent un premier grand rôle, elle le refuse afin de plaire à Georges, son fiancé (François Guérin), qui n'a jamais accepté sa vocation d'actrice. Précisons que l'héroïne de Moguy est beaucoup plus jeune que les personnages interprétés par Françoise Rosay. L'actrice a trente-quatre ans quand elle joue dans *Gribiche*, le film le plus ancien de notre corpus. Pour les personnages qu'elle incarne, la question du choix ne se pose plus, d'autant plus que certains d'entre eux sont veufs (*Gribiche, Macadam*) et donc bénéficient d'une plus grande liberté que les femmes dont l'époux vit encore.

Quoi qu'il en soit, le fait qu'une femme règne en maîtresse absolue dans son intérieur ne signifie pas nécessairement qu'elle soit émancipée, pour reprendre un qualificatif utilisé par Christine Bard qui parle de « superbes figures de femmes émancipées[141] » à propos de ces personnages de Feyder. Comme le souligne l'historienne, si, à partir de 1907, les femmes peuvent disposer de leur salaire, si elles travaillent souvent sans demander l'autorisation du mari et si elles acquièrent la pleine capacité en droit en 1938, l'homme reste théoriquement le « chef de famille », choisit la résidence du couple, peut refuser que son épouse ait une profession ; les épouses qui « portent la culotte » sont les exceptions qui confirment la règle[142]. Que les personnages de femmes interprétés par Rosay soient pour la plupart énergiques et volontaristes, soit ; mais ils restent enfermés dans les limites qui leur sont imposées par le pouvoir des hommes. La fin de la domination masculine n'est donc pas encore à l'ordre du jour.

---

[141] Christine Bard, *op. cit.*, p. 127-128.
[142] Christine Bard, *ibid.,* p. 43-44.

3. Françoise Rosay et son identité artistique

Les éléments que nous avons analysés jusqu'à présent portaient essentiellement sur le matériau fictionnel élaboré par les scénarios et mis en scène lors des tournages. Il va de soi que la réapparition, de film en film, des mêmes traits individuels chez les héroïnes interprétées par Françoise Rosay incite, sinon à attribuer ceux-ci à l'individu Rosay, du moins à construire à partir de ces particularités une image aux contours bien caractérisés. C'est cette image qui forme la *persona* de la comédienne et oriente le type de rapport qu'elle entretient avec son public. C'est également celle-ci qui lui donne un statut spécifique parmi les célébrités dont les photographies ornent les pages de *Pour Vous* ou de *Cinémagazine*. Afin d'examiner la constitution de cette *persona*, nous nous concentrerons sur quatre aspects de celle-ci qui se complètent l'une l'autre : selon quelles modalités a évolué la carrière de l'actrice durant la période qui nous intéresse, quel statut lui ont conféré les affiches et les génériques des films dans lesquels elle a joué, comment l'écrit (grâce à la presse et, beaucoup plus tard, la publication d'une autobiographie) a contribué à élaborer son image publique, et, pour terminer, en quoi son identité artistique a fait de Françoise Rosay une vedette atypique. Pour cela, nous nous appuierons sur des sources pour la plupart extérieures aux films et qui, pour reprendre la terminologie de Gérard Genette, en constituent le paratexte. En effet, le texte — Genette vise essentiellement le texte littéraire — s'offre généralement accompagné « d'un certain nombre de productions, elles-mêmes verbales ou non, comme un nom d'auteur, un titre, une préface, des illustrations [...], d'un ''vestibule'' qui offre à tout un chacun la possibilité d'entrer, ou de rebrousser chemin [...], lieu privilégié d'une pragmatique et d'une stratégie » au service « de l'auteur et de ses alliés[143] ».

Une carrière sans temps morts

Tout comédien court le risque de connaître des périodes difficiles au cours desquelles l'attention des metteurs en scène et du public se détourne de lui, y compris après un succès. Françoise Rosay n'a pas eu à affronter ce type d'épreuve. Elle a pu jouer pour des réalisateurs peu estimés par la critique (Fernand Rivers, par exemple), mais sa carrière s'est déroulée sans interruption pendant la vingtaine d'années qui nous intéresse. Pour analyser l'évolution de celle-ci, plusieurs éléments demandent à être pris en compte : tout d'abord, le caractère tardif de ses débuts à l'écran, ensuite l'évolution de ses rôles tout au long de la période que nous étudions, c'est-à-dire de 1926 à 1946, et enfin les informations qu'il est possible d'extraire des écrits professionnels encore à notre disposition, produits par elle ou lui étant destinés.

Les débuts de Rosay au cinéma ont été tardifs, alors qu'elle est mariée à un cinéaste reconnu dès 1921 grâce au succès de *L'Atlantide*. Certes, elle apparaît à l'écran déjà en 1911 (elle a alors vingt ans). Mais il faut attendre 1925 et le tournage de *Gribiche* pour que le monde du cinéma la reconnaisse. À cette époque, elle a déjà une longue carrière artistique derrière elle. Elle a été actrice de théâtre et chanteuse d'opéra. On a eu l'occasion de signaler qu'un

---

[143] Gérard Genette, *Seuils,* Paris, Éditions du Seuil, coll ''Poétique'', 1987, p. 7-8.

écho de cette activité musicale est repérable à deux reprises dans *Pension Mimosas*. Louise Noblet y évoque le sacrifice de sa carrière lyrique devant Gaston, puis devant Nelly, l'amie de Pierre, qui prétend vouloir faire du cinéma. La carrière de Rosay à l'écran se limite alors principalement à des apparitions dans les films réalisés par son époux, les courts-métrages, puis les premières grandes œuvres de celui-ci. Comme le souligne Victor Bachy, Françoise Rosay a mis du temps à s'imposer dans les films de Feyder[144]. L'actrice a 35 ans en 1926, mais les professionnels ne lui ont pas encore accordé leur confiance. Elle est alors considérée, avec son « physique chevalin aux traits rectilignes[145] », comme peu séduisante. C'est à l'occasion du tournage de *Gribiche* que le regard des opérateurs change. L'actrice, qui a eu l'idée de modifier sa coiffure, explique : « Grâce à ce subterfuge, je suis brusquement devenue photogénique[146] ».

Sa performance dans *Gribiche* est donc une surprise pour la critique. Cette actrice qui « débute avec éclat sur l'écran[147] », comme le signale le journaliste de *Candide*, « est tout à fait remarquable dans le rôle de l'étrangère bienfaitrice, généreuse, égoïste et un peu hurluberlue[148] ». *La Tribune de Genève*, *Paris-Soir* et *L'Écho de Paris* émettent de semblables appréciations : « Sous le pseudonyme que nous respecterons de Françoise Rosay, une débutante s'est révélée en qui il n'est pas difficile de reconnaitre une remarquable connaissance du

[144] Victor Bachy, « Les courts-métrages de Jacques Feyder », *Les Cahiers de la Cinémathèque* n° 40, été 1984, p. 18-22.

[145] Olivier Barrot, Raymond Chirat, *Noir & blanc : 250 acteurs du cinéma français (1930-1960)*, Paris, Flammarion, 2000, p. 502.

[146] Françoise Rosay, *op. cit.*, p. 117.

[147] Anonyme, « *Gribiche* », *Candide*, 12 novembre 1925, [s. p.].

[148] J.-L. C., « *Gribiche* de Jacques Feyder, d'après une nouvelle de Frédéric Boutet », *Comœdia*, 13 novembre 1925, [s. p.].

cinéma[149] » ; « Mme Françoise Rosay s'est véritablement révélée dans le rôle de l'Américaine[150] » ; « Mme Françoise Rosay [...], pour ses débuts à l'écran, a campé avec autant d'autorité que d'esprit un personnage d'Américaine, bienfaisante et snob, qui est un chef-d'œuvre de composition[151] ». Raoul Ploquin s'improvise même psychologue à l'occasion pour célébrer les mérites de la comédienne : « Une révélation. Une vivante synthèse des trois moments de notre vie psychique : intellect, affectivité, activité[152] ».

En 1934, alors que sa filmographie s'est étoffée et qu'elle a su franchir sans encombre l'épreuve du parlant, Rosay acquiert dans *Le Grand Jeu* un statut spécifique mais n'y apparaît pas d'emblée comme l'actrice principale. L'actrice raconte d'ailleurs dans ses mémoires que son engagement pour le rôle de Mme Blanche s'était heurté au scepticisme du producteur qui voyait d'abord en elle une actrice de comédie. Elle lui aurait envoyé pour le convaincre une photographie où elle prenait « une expression hébétée de vieille alcoolique[153] ». On voit donc que, alors que Rosay a plus de quarante ans, sa réputation d'actrice ne semble pas complètement établie. Bien des années plus tard, en 1952, au moment où le documentariste Henri Storck tourne son unique long-métrage de fiction, *Le Banquet des fraudeurs*, le nom de l'actrice apparaît au générique comme celui d'une des actrices principales du film. Or Rosay ne joue que dans un tout petit nombre de scènes ; son nom aurait dû être précédé, plus honnêtement, de la mention « avec la

[149] B., *La Tribune de Genève,* 19 mars 1926, [s. p.].
[150] Anonyme, *Paris-Soir*, 26 mars 1926, [s. p.].
[151] Anonyme, « Les films de la semaine : *Gribiche* (film français) », *L'Écho de Paris*, [s. d.], [s. p.].
[152] Raoul Ploquin, « Mme Rosay-Feyder », *Comœdia*, 2 avril 1926, [s. p.].
[153] Françoise Rosay, *op. cit.,* p. 192

participation de ». On mesure le chemin parcouru. Le nom de l'actrice agit désormais, et depuis très longtemps, comme un argument pour l'achat d'une place de cinéma. Quoi qu'il en soit, ce début tardif à l'écran a eu des conséquences sur l'image de la comédienne. Le cinéma touchant un nombre de spectateurs bien plus important que le théâtre, Rosay fait partie de ces interprètes qui, malgré le fait d'avoir pu mener très tôt et pendant de longues années une carrière sur les planches, « n'ont jamais été jeunes » pour le public des salles obscures.

Une fois la carrière de Rosay au cinéma impulsée, l'actrice a multiplié les apparitions à l'écran. Elle a diversifié les rôles, dans la mesure de ses possibilités, sans reprendre à chaque film le même personnage venant du même milieu social et possédant la même identité de classe. Si l'on passe en revue les sphères sociales où vivent les héroïnes, on trouve la grande bourgeoisie (*Gribiche*), le milieu populaire colonial (*Le Grand Jeu*), la classe moyenne (*Pension Mimosas*), une bourgeoisie flamande encore proche de ses origines plébéiennes (*La Kermesse héroïque*), le milieu du cirque (*Les Gens du voyage*) et celui de la criminalité (*Macadam*), l'évolution se faisant globalement selon une pente descendante. Le vieillissement de l'actrice a certainement contribué à lui donner une apparence physique moins attrayante au fil du temps. Toutefois Françoise Rosay ne misait pas sur sa capacité à jouer la carte du charme ou de la séduction, ce qui ne signifie pas que cela lui était impossible. Vieillir au cinéma n'a donc pas représenté un obstacle insurmontable pour elle, tout en impliquant à certaines occasions qu'elle s'enlaidisse, comme dans *Macadam*. Le fait qu'il s'agisse de l'œuvre du couple où le personnage féminin central soit le plus négatif est le signe d'un changement d'époque (l'immédiat après-guerre), mais aussi la conséquence de l'acceptation par Feyder d'un scénario déjà écrit dans lequel il ne se reconnaissait pas véritablement.

Discerne-t-on une évolution comparable dans les œuvres où Françoise Rosay est dirigée par d'autres réalisateurs ? On l'a dit, les personnages interprétés chez Jacques Feyder sont nettement plus positifs que ceux qu'elle joue sous la direction d'autres cinéastes. Ceux-ci ne mettent en lumière, bien souvent, que l'aspect désagréable de son volontarisme et de sa forte personnalité : dans *L'Abbé Constantin* (Jean-Paul Paulin, 1933), la cupidité de la comtesse de Laverdens fait d'elle une intrigante insupportable ; Mme Gardanne est une mère intrusive à l'origine du drame final dans *Remous* (Edmond T. Gréville, 1933) ; Mme Audié, à qui Christine de Guérande (Marie Bell) rend visite dans *Un carnet de bal* (Julien Duvivier, 1937), est devenue folle à la suite de la mort de son fils Georges ; la volonté de Margaret Molyneux de préserver à tout prix son rang social malgré des difficultés financières est le facteur qui va déclencher les rebondissements cocasses de *Drôle de drame* (Marcel Carné, 1937) ; Catherine II de Russie est un personnage redoutable dans *Le Joueur d'échecs* (Jean Dréville, 1938) ; Marie Martin est la complice des crimes de son époux, joué par Carette dans *L'Auberge rouge* (Claude Autant-Lara, 1951) ; enfin, Gabrielle Demeuse, personnage secondaire du *Banquet des fraudeurs*, est une bourgeoise autoritaire peu appréciée de son mari (Paul Frankeur). Seul un réalisateur tel que Carné, dont l'affection pour l'actrice était très forte (*Jenny* date de 1936), ou d'autres de moindre envergure (Fernand Rivers, Jean Choux ou Charles-Félix Tavano) lui ont donné l'opportunité d'incarner des personnages capables de susciter la sympathie. Dans ces films, les rôles de femmes de milieu populaire sont nettement minoritaires, et ce n'est qu'après la guerre, avec *Macadam* et *L'Auberge rouge*, qu'elle incarne des personnages de criminelles. Alors que dans les œuvres de Feyder son statut social décline de film en film, les autres cinéastes qui la dirigent dans ces mêmes années exploitent plutôt, à quelques exceptions près, son image de grande dame dont rien ne peut arrêter la détermination.

Si l'on passe maintenant des emplois dramatiques au statut professionnel de la comédienne, ce ne sont plus les films qui nous livrent les informations nécessaires, mais les écrits conçus avant le tournage afin de préparer celui-ci. La consultation des documents élaborés par les maisons de production afin de fixer le montant des cachets attribués aux artistes peut être une source de renseignements sur le statut acquis par ceux-ci dans le monde du cinéma. Elle pose cependant de sérieux problèmes d'interprétation. En effet, les sommes indiquées n'ont plus guère de sens pour nous. Et on peut raisonnablement supposer que, dans un laps de temps (1926-1946) marqué par des crises économiques et politiques de grande ampleur, leur valeur a pu connaître d'importantes variations. Ceci rend donc aléatoire la comparaison entre sommes indiquées à des dates trop éloignées les unes des autres. Tentons cependant d'analyser les chiffres et les données que les documents nous offrent.

Dans son étude sur le vedettariat en France entre les deux guerres, Myriam Juan rappelle que, pendant la décennie 1920, les acteurs étaient généralement mieux rémunérés que les réalisateurs et que *Gribiche* constitue une exception à cet égard : « Si le salaire de Jacques Feyder pour *Gribiche* est plus élevé que celui de Clair [pour d'autres productions Albatros], son contrat ne prévoit pas en revanche d'intéressements. L'écart entre le metteur en scène et les principaux interprètes du film n'en est que plus remarquable (Françoise Rosay, Jean Forest et

Cécile Guyon touchant chacun 10 000 francs, Feyder 45 000). La renommée du réalisateur éclipse ici celle de ses modestes vedettes (Françoise Rosay et Jean Forest étant pourtant bien présentés comme tels dans la presse[154]). » Certes, Rosay n'est pas une actrice de cinéma connue à l'époque, mais on peut s'étonner du fait qu'une artiste de trente-cinq ans reçoive la même somme qu'un enfant âgé de treize ans (Jean Forest est né en 1912), et on est très loin de la rétribution attribuée à Raquel Meller, alors en pleine gloire, qui « aurait touché, d'après les souvenirs de Jean Tedesco, la somme formidable d'un million de francs sur un budget total de quatre millions » pour la *Carmen* de Feyder [155].

Il en va différemment, bien sûr, si l'on fait un saut dans le temps jusqu'en juillet 1935 et au tournage de *La Kermesse héroïque.* Une lettre adressée à l'actrice par le directeur de production, Pierre Guerlais, et par le directeur fondé de pouvoirs, Georges Lourau (des Films sonores Tobis), lui offre 80 000 francs pour la version française du film et 60 000 pour la version allemande. Le tout est accompagné d'une clause de publicité ainsi rédigée : « Sur le générique du film français et sur le générique du film allemand, ainsi que dans la publicité générale que nous ferions sur notre film, votre nom sera indiqué en grande première vedette féminine avant toute vedette masculine[156]. » Le statut de Rosay est là parfaitement clair, et l'on n'hésite plus à l'engager. La situation a manifestement évolué depuis *Le Grand Jeu.*

Un document non daté, d'origine non précisée (il est simplement titré : « Budget pour *La Kermesse héroïque* ») et qui semble concerner uniquement la version française,

---

[154] Myriam Juan, *op. cit.*, p. 183.

[155] Myriam Juan, *ibid.*, p. 188, note 275.

[156] Lettre de P. Guerlais et G. Lourau à Françoise Rosay, 10 juillet 1935 (FEYDROS 29-B08).

permet de comparer le salaire de l'actrice avec celui d'autres acteurs. Sur un budget total de 2 542 000 francs (le total des sommes affectées à un ensemble comprenant le scénario, la mise en scène et le montage s'élève à 240 000 francs, et on devine que les décors construits par Lazare Meerson ont représenté un investissement important), Jean Murat, qui joue le duc d'Olivarès, doit être payé 200 000 francs, Dorville (prévu pour jouer le Bourgmestre et finalement remplacé par Alerme) 100 000, Rosay 90 000[157].

Dix ans plus tard, un courrier de la B.U.P. française informe l'actrice que le rôle de Mme Rose dans *Macadam* doit être rémunéré 350 000 francs et que ce montant doit être assorti d'une rémunération globale complémentaire minimum de 500 000 francs pendant un délai d'exploitation de trente mois. Une autre précision fournie par le document laisse deviner l'évidente réussite sociale de l'actrice, qui est accompagnée sur les tournages par son propre personnel : « Nous sommes d'accord pour engager à nos frais votre habilleuse, votre coiffeur habituels aux conditions en vigueur dans la profession », habitude qu'elle évoque déjà en 1937 lors d'un entretien avec Doringe : « Même au cinéma, je ne change pas d'habilleuse et j'ai mon coiffeur depuis plusieurs films[158]. » Sans doute faut-il aussi interpréter l'inscription de ce type de clause comme une évolution, au fil du temps, vers davantage de précision dans le mode de rédaction des contrats, ceux des années 1920 étant beaucoup plus lapidaires : « Ces derniers ne mentionnent que peu de privilèges concernant les conditions de tournage. Parmi les documents retrouvés, aucun n'indique par exemple l'imposition de proches collaborateurs

---

[157] Budget pour *La Kermesse héroïque*, [s. d.] (FEYDROS 68-B16).

[158] Doringe, « Françoise Rosay, femme accomplie, sait concilier le cinéma avec la vie familiale », *Pour Vous* n° 447, 10 juin 1937, p. 15.

(habilleuse, maquilleur, photographe…), ou l'exigence d'une loge au confort particulier[159]. » Enfin, après la mort de Feyder en 1948, l'actrice gère son patrimoine et l'exploitation des films en France et à l'étranger, dans les salles de cinéma et bientôt à la télévision. Elle a donc connu une carrière sans passages à vide. Pourtant, on va le voir, il n'en a pas été toujours de même sur les affiches servant à annoncer la sortie de ses films.

Affiches et génériques : une présence à éclipses

Deux sources d'information importantes nous renseignent sur le statut de l'actrice et la manière dont le public la perçoit, sur la confiance également que l'industrie lui accorde ou non. Toutes deux sont produites lors des dernières étapes du processus de création. L'une (le générique) est une composante à part entière du texte filmique même si elle figure en quelque sorte dans la marge de celui-ci ; l'autre (l'affiche) lui est extérieure et appartient à l'ensemble des documents non filmiques qui accompagnent sa projection sur les écrans. Notons d'abord qu'à chaque film correspondent toujours plusieurs affiches. En effet, l'affiche ayant pour objectif d'attirer le spectateur, offrir au regard du passant différentes propositions graphiques peut être le meilleur moyen de toucher des couches de la population qui ne fréquentent pas les salles de projection avec les mêmes motivations. Il était naturellement pour nous impossible de retrouver et d'analyser la totalité des affiches conçues pour les films de Feyder qui nous intéressent. Autre difficulté : trouver les références de ces affiches, le nom de l'affichiste, les caractéristiques physiques de celles-ci et leur date de conception. Nous avons donc choisi de privilégier, dans la mesure du possible, celles dont les références nous étaient

[159] Myriam Juan, *op. cit.*, p. 184.

accessibles. Le corpus que nous avons ainsi rassemblé ne prétend donc pas à une quelconque représentativité et encore moins à l'exhaustivité.

Conformément à une pratique fréquente à l'époque du muet, le générique qui ouvre *Gribiche* ne mentionne pas le nom des comédiens. Celui-ci est intégré aux intertitres au fur et à mesure que les personnages qu'ils interprètent apparaissent à l'écran, ce qui permet une identification ou une reconnaissance immédiate des artistes par le public. Si les noms de François Rosay et de Jean Forest sont donnés dès le départ, ce n'est pas en raison du rôle capital qui leur est attribué durant la totalité du film, mais tout simplement parce qu'ils sont présents dès la première scène aux Trois Quartiers. Il est donc impossible d'en tirer des conclusions sur le degré de notoriété de tel ou tel acteur. Le passage au parlant ayant entraîné la disparition des intertitres, il devenait désormais indispensable de rassembler dans les premières minutes de la projection ces mentions qui auparavant pouvaient se répartir pendant tout le déroulement du film. Une autre raison a dû jouer : imposer à la vue du public le nom des comédiens, c'est lui rappeler que ce à quoi il assiste n'est que du cinéma ; c'est temporairement mettre en péril sa croyance en l'univers fictionnel construit par le film et la transparence à laquelle aspire le récit classique.

Conçu alors que le passage au parlant est acquis depuis plusieurs années, le générique du *Grand Jeu* ne met pas directement en valeur Françoise Rosay. Après la mention de la maison de production (les Films de France), les inscriptions apparaissent en surimpression sur des plans fixes montrant des légionnaires se dirigeant vers des lieux de plaisir. Signée Hans Eisler, une musique dont le rythme très martelé évoque les fanfares militaires accompagne l'ensemble de la séquence. Trois noms se succèdent sur l'écran, reliés par des fondus enchaînés : Marie Bell,

Pierre Richard-Willm et Charles Vanel. Le titre du film s'inscrit sur l'image, également en plan fixe, d'une table couverte de cartes à jouer disposées en demi-cercle sur l'une desquelles s'attarde plus particulièrement une main féminine. Après un nouveau fondu enchaîné, un déroulant donne la liste des autres comédiens ; il s'inscrit sur un travelling latéral de trois quarts montrant des légionnaires au repos, assis ou debout au bord d'une route. Le nom de Rosay apparaît à la toute fin, clairement détaché par la coordination *et* de ceux des acteurs secondaires. Suit après un autre fondu enchaîné un pano-travelling avant dans un quartier populeux où l'on croise légionnaires, prostituées et indigènes. Françoise Rosay bénéficie donc d'un curieux statut, intermédiaire entre celui de vedette et celui d'artiste de second plan. C'est toutefois son personnage qui détient les cartes du jeu, du « grand jeu » évoqué par le titre ; c'est sur sa physionomie abattue, dont s'éloigne peu à peu la caméra, que se termine le film ; enfin, c'est surtout elle qui est restée dans la mémoire des cinéphiles comme la véritable vedette du film.

Très sobre — des lettres blanches sur fond noir —, le générique de *Pension Mimosas* propose, juste après le nom de la maison de production, celui de l'actrice relié à celui de Paul Bernard par *et*. Toutefois, le nom de Rosay apparaît en premier selon un système de volet qui permet de déplier l'inscription en partant du centre de celle-ci, puis de la replier à partir de ses deux extrémités vers le centre. Pourquoi ce choix ? Il peut s'expliquer par la volonté du cinéaste d'apporter un peu de variété à une époque où la succession des cartons se fait généralement grâce à des fondus enchaînés (ce procédé perdurera jusqu'au début des années 1960). Notons cependant qu'il permet une hiérarchisation des noms : celui de Rosay est en haut de l'écran et précède celui de Paul Bernard. Les deux s'effacent en même temps, celui de Rosay se maintenant donc un peu plus longtemps sous le regard des spectateurs.

Plus complexe, une fois mentionné le nom de la firme productrice, le générique de *La Kermesse héroïque* fait surgir le nom de Rosay en surimpression sur l'image d'une ville — procédé qu'on retrouve tout au long de la séquence (on saura plus tard de quelle ville il s'agit et que c'est là que l'action se déroule) — suivi de celui de Jean Murat. D'abord écrit en petits caractères, le nom de l'actrice grossit rapidement, et le procédé se répète pour celui de Murat. Là encore, Rosay apparaît la première et en haut de l'écran. Un fondu enchaîné combiné à un nouveau grossissement remplace ces noms par ceux d'André Alerme et de Lyne Clevers, qui se trouve ainsi distinguée parmi les actrices de second plan. Après le titre et le nom du réalisateur, un déroulant indique la distribution des rôles, les noms des personnages faisant face à ceux des comédiens. Détails notables, les noms de Rosay, Murat, Alerme et Clevers apparaissent donc une deuxième fois, et la liste des actrices précède celle des acteurs, comme s'il s'agissait d'annoncer ainsi la prise de pouvoir par les femmes qui est au centre de l'intrigue. Signalons enfin que celui de Louis Jouvet se détache nettement du reste, de façon comparable à celui de Rosay dans *Le Grand Jeu*, manière de signifier que, s'il n'est pas l'acteur principal du film, il n'en demeure pas moins une personnalité de premier plan. Conformément aux habitudes de l'époque, un grand nombre d'inscriptions couvrent parfois l'écran, offrant aux spectateurs de multiples informations parmi lesquelles leur regard doit circuler, alors qu'aujourd'hui semblable profusion apparaîtrait lors du générique de fin.

Même usage des surimpressions pour *Les Gens du voyage*. Des camions, ceux du cirque où travaille Flora la dompteuse, roulent dans la nuit. Cette fois-ci, après la mention des Films sonores Tobis, le nom de Rosay apparaît seul sur l'écran ; celui d'André Brulé, qui lui est associé par *et*, ne s'inscrivant sur l'écran qu'une fois celui de l'actrice effacé par un volet gauche-droite, procédé utilisé tout au long de la séquence. Il en va de même lors des premières minutes de *Macadam* : Rosay apparaît seule après le nom du producteur Eugène Tuscherer. Les lettres des cartons s'offrent au regard sous forme d'inscriptions brillantes qui évoquent celles d'une façade d'hôtel. Est ainsi annoncé le lieu où l'intrigue se déroule essentiellement. Derrière ces inscriptions, une vitre mouillée par la pluie que traversent des lumières, éclairage urbain ou phares d'automobile. Des fondus enchaînés permettent le passage d'un carton à l'autre. La ville, la nuit, la pluie — les ingrédients du film noir sont déjà réunis.

Les affiches réalisées pour *Gribiche*, comme celles qui l'ont été pour d'autres œuvres de notre corpus, se présentent sous forme de dessins, dessins dont on peut supposer que certains ont été conçus à partir de photographies. D'autres, en particulier celles de *Pension Mimosas*, optent en revanche pour une iconographie plus réaliste. Mais des choix diversifiés peuvent être faits pour un même film, autant que nous pouvons en juger par la sélection à laquelle nous avons procédé. La plupart sont constituées d'images ou de juxtapositions d'images censées offrir aux futurs spectateurs un avant-goût de l'univers fictionnel propre aux films. Or, à voir certaines de ces réalisations, il est permis de se demander si elles donnent toujours une image exacte du film qu'elles sont censées promouvoir. Enfin — et c'est le point qui nous intéresse ici au premier chef —, alors que Rosay joue un rôle essentiel dans l'ensemble des films, certaines affiches prennent le parti de l'escamoter purement et simplement. Pourquoi ? C'est ce sur quoi nous allons nous attarder.

Commençons par *Gribiche*. Une des affiches du film, non reproduite ici, choisit de montrer, dans un rectangle encadré de noir, la première rencontre du jeune héros avec Édith Maranet, et en particulier le moment où il lui rapporte l'objet qu'elle vient d'oublier aux Trois Quartiers. Le titre du film figure sous l'image ; de part et d'autre de celle-ci sont indiqués le nom de Feyder puis, en caractères de taille inférieure, ceux des comédiens. Si celui de Jean Forest se détache (il est le seul à figurer sur la colonne de gauche), celui de Rosay ne se distingue pas spécifiquement. Il figure sur une courte liste avec ceux des autres comédiens. Mais Forest et Rosay ont le privilège d'être doublement représentés : par leur nom et par un dessin qui, à lui seul, ne permettrait pas l'identification des acteurs.

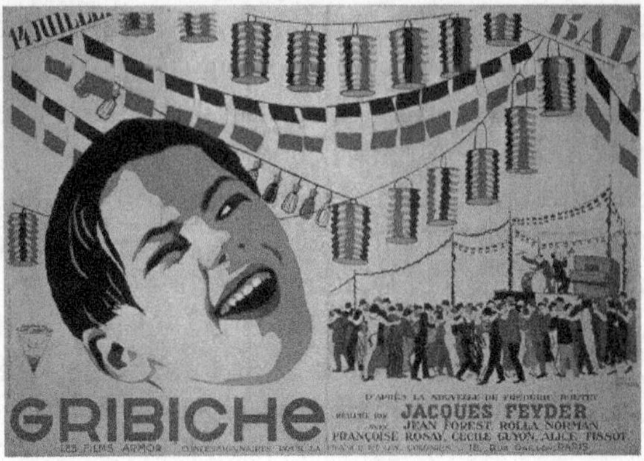

[*Fig. 1*] La tête de Jean Forest occupe la moitié gauche de l'affiche[160].

Une autre affiche, due à Boris Bilinsky [*fig. 1*], en revanche, attire l'attention sur le seul Jean Forest qui a pour lui l'avantage de jouer le rôle-titre du film. La partie gauche est envahie par la tête du jeune garçon, le reste de

---

[160] Boris Bilinsky, *Gribiche*, lithographie coul., 1715 x 242 cm, Paris, imprimerie de la Cinématographie française, [s. d.].

l'image représentant le bal du 14 juillet (foule, drapeaux, lampions). S'il s'agit d'une référence à un épisode de la narration qui a son importance (il marque l'échec définitif du projet éducatif d'Édith), un tel choix lui attribue un poids sans commune mesure avec ce qu'il représente dans le déroulement de la narration. Cela a également pour effet de donner du film une image joyeuse et festive qui a pu séduire le public mais ne correspond pas tout à fait à son contenu. Le nom de Rosay se trouve alors réduit à l'état de simple mention dans la liste des comédiens à la droite de l'image.

De même, sur l'affiche conçue pour *Le Grand Jeu* publiée dans *Le Journal* du 26 avril 1934 (affiche reproduite dans l'ouvrage de Jean-Pierre Jeancolas consacré au cinéma de l'entre-deux-guerres[161]), les noms de Marie Bell et Pierre Richard-Willm surplombent le titre du film, tandis que Françoise Rosay figure en dessous, entre Georges Pitoëff et Charles Vanel. Les prénoms de ces trois acteurs ne sont désignés que par des initiales, alors que ceux de Bell et de Richard-Willm figurent en toutes lettres. L'illustration qui occupe une place centrale sur l'affiche montre la foule des légionnaires et quelques silhouettes d'indigènes, aucune de ces figures n'étant véritablement individualisée. D'autres affiches [*fig. 2 et 3*] insistent sur les visages ou la physionomie de Bell et de Richard-Willm, privilégiant tantôt l'un, tantôt l'autre en juxtaposant deux images du même comédien.

---

[161] Jean-Pierre Jeancolas, *15 Ans d'années trente : le cinéma des Français (1929-1944)*, Paris, Stock / Cinéma, 1983, p. 174.

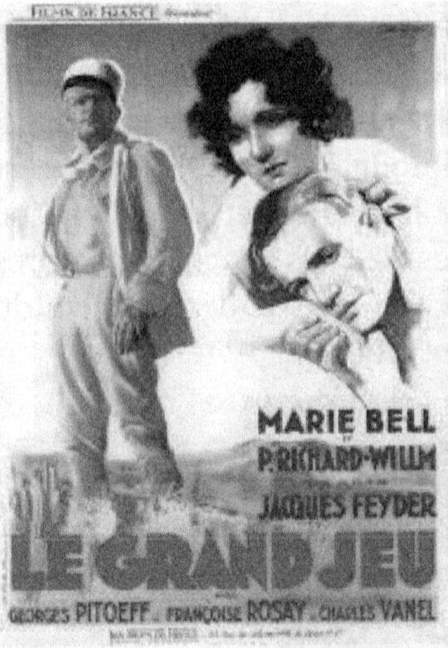

[*Fig. 2*] Le personnage du légionnaire au premier plan[162].

Ainsi, l'une [*fig. 2*] montre, sur sa partie gauche, Richard-Willm debout, dans sa tenue de légionnaire, la partie droite évoquant une séquence à laquelle participent les deux vedettes. *Le Grand Jeu* semble alors présenté comme un film d'aventures agrémenté de quelques scènes sentimentales. Le nom de Rosay se retrouve au bas de l'affiche, entre Pitoëff et Vanel ; c'est également le cas dans l'affiche de l'imprimerie Gaillard [*fig. 3*]. Plus fidèle au contenu de l'intrigue, une affiche de Roger Vacher, que nous ne reproduisons pas ici, fait totalement oublier le cadre colonial pour centrer l'attention exclusivement sur les relations entre Pierre et Florence-Irma.

Lorsque Rosay apparaît sur l'affiche [*fig. 3*], c'est accompagnée des autres acteurs du film. L'image s'organise sur trois strates. À l'étage supérieur, les deux vedettes ; au centre, les mêmes comédiens entourés de Rosay et de Vanel ; plus bas, une scène de danse exotique

[162] Noms de l'affichiste et de l'imprimeur inconnus.

qui permet de situer l'intrigue en Afrique du Nord. Bell et Richard-Willm y apparaissent une fois de plus doublement représentés, Bell en raison de son double rôle, Richard-Willm à cause du double statut de son personnage, mondain en smoking puis légionnaire à képi. Rosay est montrée en train de consulter les cartes, et son visage de profil est celui qui, de tous, est le plus proche des lettres du titre. L'importance de son rôle dans le déroulement du récit est cette fois-ci clairement signalée.

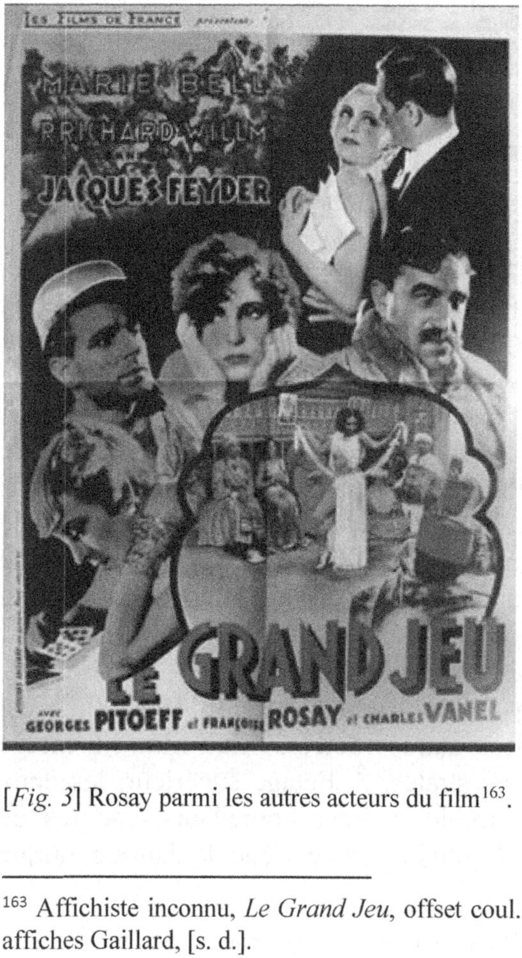

[*Fig. 3*] Rosay parmi les autres acteurs du film[163].

---

[163] Affichiste inconnu, *Le Grand Jeu*, offset coul., 83 x 61 cm, Paris, affiches Gaillard, [s. d.].

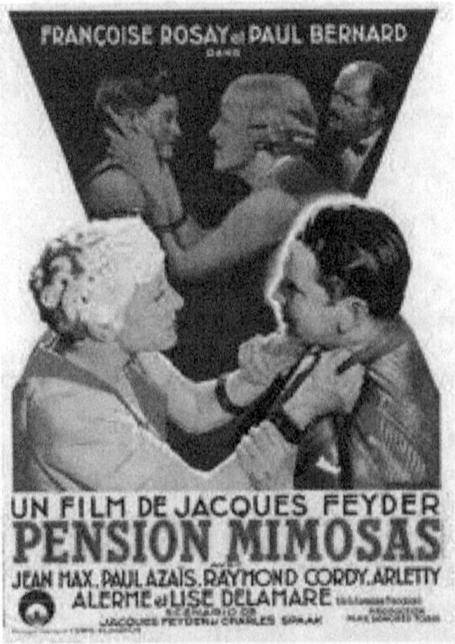

[Fig. 4] La mère, l'enfant innocent et l'adulte corrompu[164].

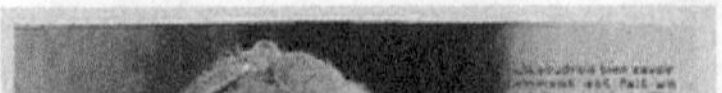

[*Fig.5*] Mère et fils ou maîtresse et amant[165] ?

---

[164] Jacques Bonneaud, *Pension Mimosas*, lithographie coul., 120 x 80 cm, Paris, imprimerie Hénon, [s. d.].
[165] Noms de l'affichiste et de l'imprimeur inconnus.

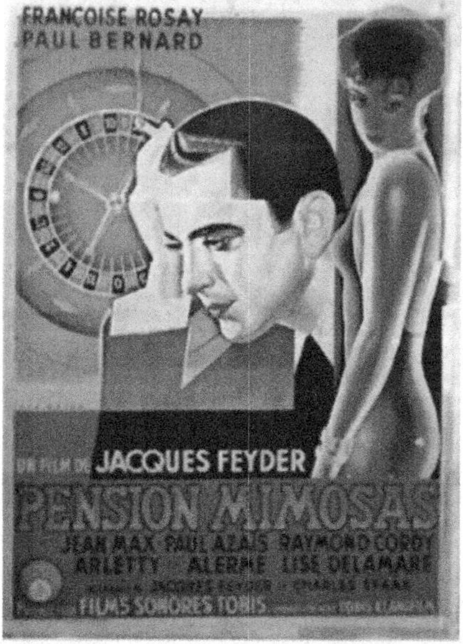

[*Fig. 6*] Le joueur et la femme entretenue[166].

Les affiches réalisées pour *Pension Mimosas* par les imprimeries Hénon et Breger frères mettent l'accent sur la relation entre Pierre et Louise, les noms de Rosay et de Bernard étant clairement indiqués en haut de l'affiche comme étant ceux des comédiens les plus importants. Celle de Jacques Bonneaud [*fig. 4*] insiste sur l'aspect maternel du personnage de Louise Noblet. Rosay y est montrée deux fois : la première, à l'arrière-plan dans un triangle dont la pointe est orientée vers le bas, face à l'enfant Bernard Optal dont elle tient le visage entre ses mains dans un geste affectueux, la figure paternelle demeurant en retrait, en haut et à droite du triangle ; la seconde face à Paul Bernard qu'elle saisit violemment par

[166] Affichiste inconnu, *Pension Mimosas*, offset, coul., 86 x 65 cm, Paris, imprimerie Breger frères, [s. d.].

le col après la tentative de vol de celui-ci. Il en va différemment pour celle de l'imprimerie Breger [*fig. 5*]. Ici, l'affiche laisse planer l'ambiguïté : quelle est la nature du lien qui unit les deux êtres dont les visages envahissent l'affiche et que semble séparer une certaine différence d'âge ? Plus étonnante est la *fig. 6* qui mentionne également les noms de Bernard et de Rosay à son extrémité supérieure, mais qui propose une image divisée en trois, dominée par la figure d'un jeune homme soucieux à l'arrière-plan duquel figure une roulette de casino placée à la verticale, le côté droit de l'affiche étant occupé par la silhouette svelte d'une jeune femme légèrement vêtue (un costume de bain, vraisemblablement), l'ensemble de l'affiche se partageant entre le noir, le vert et le rouge-brun. Si l'on reconnaît facilement les traits de Paul Bernard, il n'en va pas de même pour ceux de Lise Delamare (qu'on voit effectivement nageant dans une piscine lors d'une scène du film). Le personnage de la « marraine » est ici complètement escamoté, ce qui donne aux futurs spectateurs une vision du film singulièrement altérée ; l'actrice principale a purement et simplement disparu.

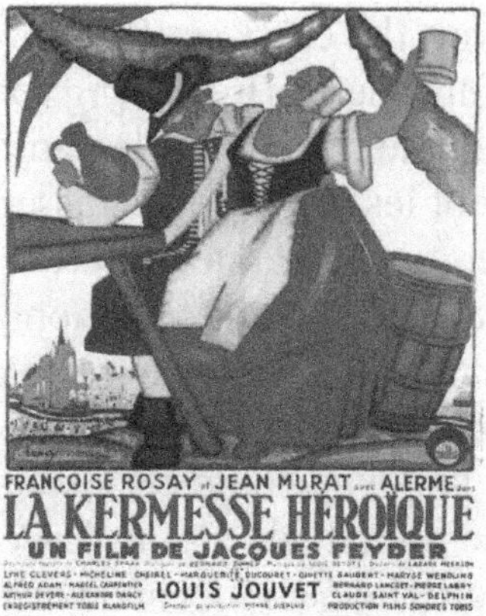

[*Fig. 7*] Le style du dessin renseigne sur le genre du film, non sur l'identité des acteurs[167].

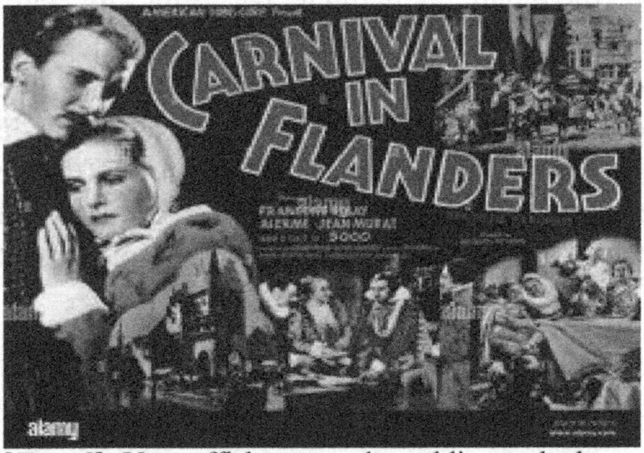

[*Fig. 8*] Une affiche pour le public anglophone qui insiste sur l'intrigue sentimentale du film[168].

Il en va de même pour certaines affiches *de La Kermesse héroïque.* L'actrice peut apparaître nettement au centre de l'image, parfois dans l'attitude de la femme courtisée qui regarde tristement devant elle pour signifier à l'homme

[167] Bernard Lancy, *La Kermesse héroïque*, lithographie coul., 168 x 127 cm, Paris, imprimerie Bedos & Cie, 1938.
[168] Nom de l'affichiste et de l'imprimeur inconnus.

souriant qui se tient à ses côtés qu'il lui est impossible de répondre à ses avances, les physionomies de Rosay et Murat étant là clairement reconnaissables. À l'arrière-plan, un aspect de la ville de Boom et un groupe de personnages secondaires complètent l'ensemble et informent les spectateurs, par le style de l'architecture et des costumes, qu'ils vont assister à une reconstitution historique. Mais l'image de Rosay disparaît totalement sur d'autres affiches, soit parce que l'affichiste a fait le choix d'un dessin volontairement schématique pour informer les spectateurs qu'ils vont assister à une comédie joyeuse [*fig. 7*] où l'on fait la fête et où l'on boit, soit parce que l'accent est mis sur le couple des jeunes amoureux, Breughel et Siska, comme c'est le cas pour une autre affiche [*fig. 8*] destinée au public anglophone susceptible d'aller voir *Carnival in Flanders*. Cheirel et Lancret occupent la partie gauche de l'affiche, le reste de celle-ci offrant au regard trois images de dimensions plus modestes illustrant différents aspects de l'intrigue, images entre lesquelles semblent voguer les lettres rouges du titre.

Si les affiches des *Gens du voyage* auxquelles nous avons pu avoir accès mettent systématiquement Rosay au premier plan (peut-être parce que le personnage de la dompteuse de tigres devait sembler suffisamment intriguant pour devoir susciter la curiosité d'éventuels spectateurs), celles de *Macadam* ne la font pas toujours apparaître à l'image. Bernard Lancy et Marcel Jeanne [*fig. 9*] tiennent compte du rôle qu'elle joue dans le film et l'associent à la figure d'autres acteurs. Ainsi, sur l'affiche de Lancy, elle apparaît comme en retrait, comme si elle épiait le personnage interprété par Paul Meurisse dont le regard semble dirigé vers un univers urbain sombre et

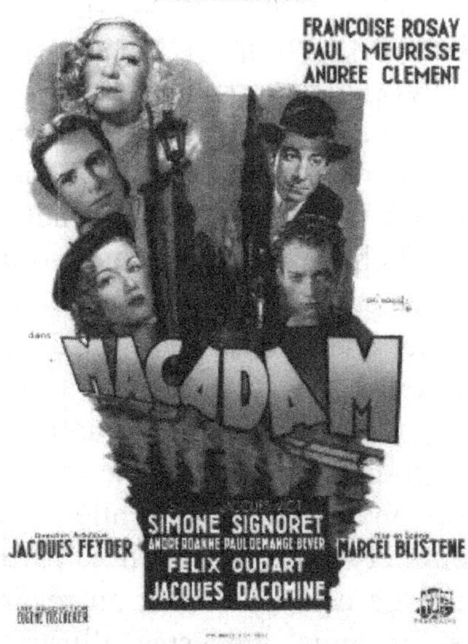

[*Fig. 9*] Rosay surplombe les autres comédiens de *Macadam*[169].

triste. D'emblée, les futurs spectateurs perçoivent un univers où règnent méfiance et noirceur sur lequel se détache une frêle silhouette armée d'un revolver. Il faut toutefois avoir vu le film jusqu'à sa conclusion pour identifier la silhouette de Simone (Andrée Clément) au moment où elle tue le gangster Victor Ménard qui vient d'assassiner sa mère.

Marcel Jeanne, lui, choisit de montrer les cinq acteurs principaux du film, les têtes des trois femmes figurant sur la gauche de l'affiche, disposées l'une sous l'autre, face aux deux hommes. Comme Lancy, Jeanne prend soin d'installer le visage de Rosay le plus haut possible afin qu'elle domine les autres comédiens. Il en va de même

169 Marcel Jeanne, *Macadam*, offset coul., 83 x 62 cm, Paris, imprimerie Bedos [s. d.].

pour son nom. Entre ces deux rangées verticales, un paysage urbain sinistre (qui se réduit à un bec de gaz

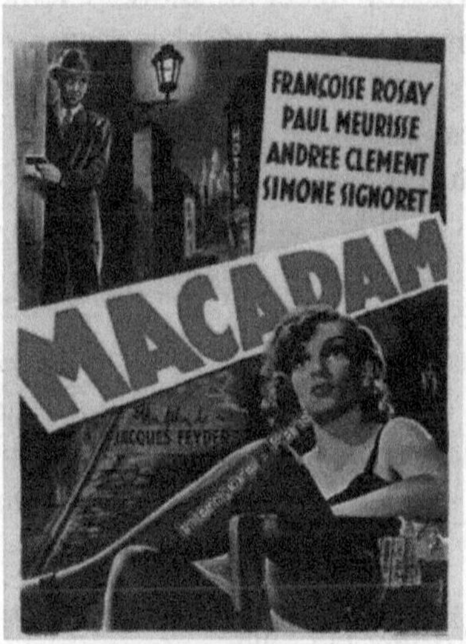

[*Fig. 10*] Simone Signoret principale interprète dans « un film de » Jacques Feyder[170].

allumé pour la nuit) conforme aux stéréotypes du film noir. Les lettres du titre, légèrement difformes, se reflètent sur le sol trempé par la pluie.

Plus intéressante, une affiche [*fig. 10*] dont nous n'avons pas retrouvé les références élimine, comme d'autres auparavant, toute image de Rosay. Le titre — des lettres rouges sur un bandeau blanc — divise l'affiche en deux. La partie supérieure présente, de gauche à droite, Meurisse, facilement reconnaissable, le dessin d'une rue la nuit et un rectangle jaune légèrement incliné où s'inscrivent les noms de quatre acteurs, Rosay, Meurisse, Clément, Signoret. Le plus surprenant est l'espace considérable occupée par cette dernière, qui vient de commencer sa carrière (ses premières figurations datent de

[170] Noms de l'affichiste et de l'imprimeur inconnus.

1942). L'érotisme qui se dégage de la jeune femme explique que l'affichiste ait choisi de la placer au centre de l'image, ni Françoise Rosay, trop âgée, ni Andrée Clément ne possédant les atouts physiques susceptibles d'attirer le public masculin vers les salles de projection. Autre particularité : *Macadam* est présenté comme l'œuvre de Jacques Feyder, sans doute en raison de la réputation du cinéaste, plus grande que celle de Marcel Blistène. On ne peut alors manquer de s'interroger : celui-ci a-t-il eu l'occasion de voir l'affiche ?

On le voit, pour la quasi-totalité des films qui nous intéressent, des affichistes ont cru préférable, afin d'attirer le public, d'éliminer la figure de Rosay, grande comédienne, certes, mais ni jeune ni jolie, donc inapte à accéder au statut de star.

La construction par l'écrit d'une persona

Trois types de discours ont contribué à façonner la *persona* de Françoise Rosay : les articles des journalistes, ceux écrits par l'actrice ou qui transcrivent ses paroles, son récit autobiographique intitulé *La Traversée d'une vie*. Tout au long de la période de vingt ans qui nous occupe, c'est la presse spécialisée qui, en rapportant ses faits et gestes, a mis en place, article après article, les éléments par lesquels sa personnalité a pu acquérir suffisamment de spécificité pour devenir familière aux cinéphiles. Mais l'actrice a également écrit dans la presse au début de la guerre après avoir, au cours des années 1930, témoigné à plusieurs reprises dans *Pour Vous* sur sa vie d'artiste, ses propos faisant l'objet d'une transcription ou d'une réécriture par Nino Frank. Enfin, bien des années après, en 1974, dans *La Traversée d'une vie* qui constitue en quelque sorte ses mémoires, elle a longuement parlé d'elle. Là encore, le texte n'a pas été écrit directement par la comédienne. La mention « souvenirs recueillis par Colette Mars[171] » qui figure en sous-titre informe le lecteur qu'il s'agit de la mise à l'écrit d'un récit oral, cas de figure fréquent dans ce genre de publication, ce qui n'en altère pas pour autant la valeur. Certes, ce document se différencie nettement par sa date de conception et son ampleur des productions journalistiques que nous allons d'abord examiner. Il y a pourtant tout lieu de penser que la mise en regard de ces différentes sources peut se révéler fructueuse.

On devine que la personnalité de l'actrice a pu intéresser les journalistes, mais que son mode de vie ne fournissait pas réellement aux échotiers l'occasion de piquer la curiosité du lectorat. Les actrices consacrées stars sont connues du public pour la mise en spectacle qu'elles opèrent de leur vie privée. La construction de rumeurs et d'échos par un personnel spécialisé contribue ainsi à amplifier le mythe et participe d'un élargissement maximal des modes de communication. La vie privée des stars est donc chose publique — ou est présentée comme telle. La formation de couples de stars est, de ce point de vue, un moment essentiel. Rosay mène l'existence d'une actrice célèbre, tourne dans différents pays. Mais sa vie privée et son apparence physique sont loin d'être aussi fascinantes que celles de certains artistes dont *Pour Vous*, *Cinémonde* et *Cinémagazine* suivaient jour après jour l'évolution. Son existence n'est pas émaillée d'épisodes croustillants, authentiques ou non, destinés à faire parler d'elle. Le couple formé par Jacques Feyder et Françoise Rosay n'a jamais défrayé la chronique par ses crises ou ses excès. À défaut d'intrigues scandaleuses, reste à ces magazines le récit des succès artistiques de Rosay, des tournages en cours et de sa vie de famille avec son mari et

---

[171] Chanteuse, comédienne, Colette Mars (1916-1995) a joué dans une dizaine de films pendant les années 1950-1960.

ses trois fils. Sans faire d'enquête à grande échelle sur les articles produits par les journalistes de son époque (les exemples qui vont être cités ici ne représentent qu'une partie infime des écrits qui lui ont été consacrés), quelques grandes caractéristiques se dessinent cependant. La célébration de son talent est, naturellement, un élément essentiel de cette presse qui, même si elle délivre à l'occasion des informations dignes d'intérêt, cherche avant tout à faire rêver. Comme elle le raconte dans *La Traversée d'une vie*, son passage à Hollywood intrigue les Européennes exilées et désœuvrées avec lesquelles elle rentre en contact et qui sont venues en Amérique pour y accompagner leur mari : « Je constituais pour elles un cas mystérieux parce que je n'avais pas d'histoires, pas de liaisons. […] Chez moi il n'y a jamais eu d'histoires amoureuses[172] », rien qui puisse *a priori* faire rêver les lectrices de *Pour vous* ou de *Cinémonde*. L'insistance avec laquelle elle revendique son statut de mère de famille peut être interprétée comme une concession faite aux lecteurs de périodiques populaires en quête de révélations palpitantes sur la vie privée de leurs idoles, mais aussi une manière de leur signifier qu'ils n'obtiendront rien de plus.

En 1932, sur le point de retourner à Hollywood, installée à bord du Maréchal-Joffre, alors que sa réputation en tant qu'actrice de cinéma n'est pas encore totalement établie, « tête pailletée d'or et d'argent, profil incliné et souriant », Rosay est décrite comme faisant déjà l'objet de l'admiration générale et y répondant volontiers par des dédicaces de photographies : « Avec une dextérité foudroyante, Françoise Rosay multiplie les signatures[173] ». Talent, luxe, mondanités, cosmopolitisme : on imagine facilement que ces ingrédients se retrouvent dans une

---

[172] Françoise Rosay, *op. cit.*, p. 163.

[173] P.-B., A., « Françoise Rosay repart pour l'Amérique », *Pour Vous* n° 193, 28 juillet 1932, p. 11.

multitude d'autres productions écrites consacrées à l'actrice (et à d'autres comédiens en vogue à l'époque). Parfois le journaliste lui offre l'occasion de parler de façon moins superficielle de son métier, de ses conceptions dramatiques. Interrogée par Géo Duvic sur sa vision du comique, elle livre des considérations intéressantes (sur l'importance, pour un même personnage, de la situation, en fonction de laquelle le rire pourra ou non être suscité) ; mais le cadre de l'article ne lui permet guère de les développer[174]. L'actrice elle-même a critiqué la trop grande légèreté d'une partie de la presse de cinéma, en comparant, par exemple, les articles écrits dans les journaux de la Suisse romande aux publications venues de la Suisse alémanique ou de Belgique[175].

Un trait récurrent de ces articles est, comme on l'a souligné, le soin qu'ils prennent à évoquer sa vie familiale. Plusieurs raisons expliquent ce choix. Parler de ses enfants suscite facilement l'attendrissement du public. À une époque où beaucoup de femmes travaillent, mais où cette activité extérieure au foyer trouble encore une partie de l'opinion, l'idée qu'une femme active puisse avoir une vie de famille comme n'importe quelle autre femme rassure. Sur le paquebot qui doit l'emmener en Amérique en juillet 1932, elle montre des photos de ses fils : « L'aîné est en Angleterre ; les deux autres sur des plages normandes ». Un admirateur dresse un tableau idyllique de sa situation maternelle : « Derrière le rideau brillant de la vie d'artiste qui s'annonce riche en succès, car Françoise Rosay est admirée sans réserve, il y a sa vie de maman admirée,

---

[174] Géo Duvic, « Trois femmes comiques dévoilent leur secret : une tasse de thé avec Françoise Rosay, Marguerite Moreno et Thérèse Dorny », *Pour Vous* n° 240, 22 juin 1933, p. 7.
[175] Françoise Rosay, *La Traversée d'une vie, op. cit.*, p. 298-299.

chérie par ses enfants[176]. » Elle prend soin de faire éviter à son interviewer toute confusion entre ses rôles et sa vie privée. Ses scènes d'amour avec Jean Murat dans *La Kermesse héroïque* ? Du cinéma, rien de plus. « Et lorsqu'elle a fini de vous conter la grande scène de séduction qu'elle a interprétée, elle vous rappelle froidement qu'elle est mère de famille et que son "plus grand" prépare son bachot latin-grec[177]. » Enfin, parce que l'artiste connue se distingue inévitablement par son mode de vie du commun de ses concitoyennes, il importe qu'elle préserve ses liens avec celles-ci pour pouvoir continuer à leur tenir lieu d'objet d'identification. Ainsi, elle se montre sensible aux problèmes liés à la condition féminine. À Doringe qui insiste sur sa singularité, elle répond : « Nombre de femmes aujourd'hui sont occupées qui ne négligent point pour cela leur vie familiale, leur mari, leurs enfants, leur maison, ou leur vie mondaine. Nous sommes toutes comme ça[178]. » Le tournage des *Gens du voyage* est pour bientôt, mais tout est prévu : elle y emmène Marc, son fils aîné ; Paul, lui, fait un séjour en Angleterre ; le plus jeune va au bord de la mer.

Quant aux articles écrits directement par Rosay, ils datent pour l'essentiel, du moins en ce qui concerne la période qui nous intéresse, du début de la Deuxième Guerre mondiale. En novembre 1939, elle raconte sa visite des studios de la région parisienne[179] (Épinay, Billancourt

---

[176] F. Fabiano, « Lettre ouverte à Françoise Rosay », *Pour Vous* n° 373, 9 janvier 1936, p. 10.
[177] Maurice Bessy, « Dans le village de Boom, va s'ouvrir la kermesse héroïque sous la haute direction de Madame la Bourgmestre Françoise Rosay », *Cinémonde* n° 369, 14 novembre 1935, p. 844.
[178] Doringe, « Françoise Rosay, femme accomplie, sait concilier le cinéma avec la vie familiale », *Pour Vous* n° 447, 9 janvier 1937, p. 15.
[179] Françoise Rosay, « Le billet de Françoise Rosay », *Pour Vous* n° 574, 15 novembre 1939, p. 3.

où Grémillon a dû interrompre le tournage de *Remorques*, Joinville qui accueille des soldats, les Buttes-Chaumont) ; tous ont cessé leurs activités habituelles. Le 3 janvier de l'année suivante, elle fait paraître sa lettre aux femmes allemandes. À la fin du mois[180], elle rédige un autre billet pour la même revue.

La série de récits qui paraissent dans *Pour Vous* en 1936 sous le titre « Quelques images de ma vie d'artiste » est la mise à l'écrit d'un récit oral, procédé familier, comme on le sait, aux personnalités célèbres qui ne savent, ne veulent ou n'ont pas le temps d'écrire. Chaque épisode tient sur une seule page et se déploie sur quatre colonnes ; des illustrations sont insérées entre les lignes du texte, montrant Françoise Rosay à différentes périodes de sa vie ou, plus rarement, Jacques Feyder. La dernière ligne est suivie de la mention « *À suivre* », comme c'est d'usage pour les feuilletons publiés dans la presse, et de la reproduction de la signature de l'actrice (Nino Frank n'est mentionné nulle part). Chaque épisode est divisé en sections titrées et précédées d'un chiffre romain, tout nouvel épisode prenant la suite du précédent : la numérotation du deuxième épisode, celui du 12 mars 1936, va ainsi de VII à XII, et les titres imitent souvent les intitulés de chapitres de romans (VII. — *Où je passe ma première audition*. VIII. — *Où j'entre au Conservatoire*. IX. — *Où Françoise Rosay vient au monde*). L'actrice n'est donc pas seulement une artiste connue et admirée, mais l'héroïne d'un récit romanesque que les illustrations rattachent toutefois à une réalité passée ou présente.

Dans ce récit à la première personne, qui apparaît rétrospectivement comme un brouillon, à presque quarante ans de distance, de sa future autobiographie, l'actrice relate son enfance et sa familiarité, dès son plus jeune âge,

180 Françoise Rosay, *ibid.*, *Pour Vous* n° 585, 31 janvier 1940, p. 2.

avec le monde du théâtre, sa mère étant actrice. À quatorze ans, elle part seule en Angleterre, pour y apprendre l'anglais. Elle y entre en conflit avec un jeune Chinois et se fait courtiser par des Allemands qu'elle rencontre. Est ainsi mise en place l'image d'une personnalité combative, polyglotte, mais également séduisante[181]. Les épisodes suivants racontent ses débuts au théâtre, les maîtres qui l'ont formée, en particulier Antoine[182], son travail d'actrice en Russie, ses débuts malheureux au cinéma, sa rencontre avec Jacques Feyder, son engagement à l'Opéra[183], le succès inattendu de *L'Atlantide*, sa participation à la mise en scène de certains films, Feyder étant souffrant ou ayant dû s'absenter[184], les doutes sur sa photogénie jusqu'au succès de *Gribiche*.

Le séjour en Amérique la contraint à cuisiner elle-même, comme le montre une illustration ainsi légendée : « À Hollywood, Françoise Rosay dut consacrer le plus clair de son temps à l'art culinaire », ce qui permet de construire l'image d'une femme partageant les mêmes préoccupations que les Françaises ordinaires : nourrir ses proches[185]. De même, les photographies de l'actrice avec son mari et ses enfants confortent l'image de la mère de famille ; celles qui la montrent aux côtés de célébrités internationales, comme appartenant elle aussi à ce club très fermé, contribuent à asseoir sa notoriété[186]. Dans le dernier épisode, qui propose encore une fois une photographie de ses trois fils, les deux époux dévoilent ce qu'ils pensent l'un de l'autre ; les trois fils et Martha, la

---

181 Nino Frank, « Quelques images de ma vie d'artiste » [1], *Pour Vous* n° 381, 5 mars 1936, p. 3.

182 Nino Frank, *ibid.* [2], *Pour Vous* n°382, 12 mars 1936, p. 7.

183 Nino Frank, *ibid.* [3], *Pour Vous* n° 383, 19 mars 1936, p. 6.

184 Nino Frank, *ibid.* [4], *Pour Vous* n° 384, 26 mars 1936, p. 6.

185 Nino Frank, *ibid.* [5], *Pour Vous* n° 386, 9 avril 1936, p. 6.

186 Nino Frank, *ibid.* [6], *Pour Vous* n° 388, 23 avril 1936, p. 5.

bonne, donnent également, sous forme de saynète dialoguée — forme qu'adoptent alors fréquemment les rédacteurs d'articles pour les magazines populaires —, leur avis sur la mère de famille et la maîtresse de maison[187].

Document de première importance pour comprendre le parcours de l'actrice, *La Traversée d'une vie* n'est pas sans susciter des interrogations comparables à celles que soulève le feuilleton autobiographique proposé dans *Pour Vous* quelques décennies auparavant. Comme c'est généralement le cas pour ce type d'écrit, la question se pose du crédit qu'il convient de lui accorder et de l'usage qu'il est possible d'en faire. Tout d'abord, il va de soi que l'actrice dévoile de son existence ce qu'elle veut bien en dévoiler ; ce type d'entreprise relève toujours plus ou moins de ce que l'on pourrait appeler l'« auto-hagiographie », l'aveu des erreurs et des fautes ne faisant qu'embellir le portrait moral de celui ou de celle qui s'y livre. De plus, la distance temporelle, plus importante qu'en 1936, entre les faits évoqués, dont certains se déroulent à la fin du XIXème siècle (elle est née en 1891), et le présent de la narration (vers 1974) a pu induire de légères déformations dans le travail de la mémoire.

Nombreuses sont les anecdotes qui montrent l'actrice en conflit avec des hommes qu'elle finit par faire plier. En 1930, durant son séjour à Hollywood, elle déclare avoir tenu tête au directeur de production, suite à un différend avec lui concernant la coiffure et le costume qu'elle doit porter dans le film où elle joue avec Lili Damita. Selon ses dires, elle ne cède pas et conserve la tenue qu'elle s'est choisie, tandis qu'il reconnaît son erreur et lui présente ses excuses[188]. Un nouveau conflit se fait jour à la fin de la

[187] Nino Frank, *ibid.* [7], *Pour Vous* n° 390, 7 mai 1936, p. 4.
[188] Françoise Rosay, *La Traversée d'une vie, op. cit.*, p. 156-157.

décennie avec un autre directeur de production, celui de la version allemande des *Gens du voyage* dont les éclairages désavantagent systématiquement la comédienne, et avec l'acteur Hans Albers, qui tient le rôle joué par André Brulé dans la version française et se montre insupportable. L'actrice aurait fini par faire plier l'un et l'autre[189]. Pendant la Deuxième Guerre mondiale, en Algérie, Rosay raconte avoir eu une altercation, verbale et physique, avec la sentinelle qui lui refuse l'accès des locaux de la radio où elle travaille. Convoquée par l'administration militaire, elle se retrouve accusée d'avoir « gravement offensé la dignité de l'armée française » bien que l'incident reste sans conséquences[190]. Elle se déclare en revanche moins à son aise avec les fauves qu'elle doit faire travailler dans *Les Gens du voyage* : « Moi, je devais commander cinq tigres, faire sauter un lion par-dessus ma jambe et soigner la lionne qui tombait malade ! [...] J'avoue que j'étais dans mes petits souliers[191] ». Le cinéma va exploiter cette facette de sa personnalité, et on pourrait se demander, en visionnant les multiples films qu'elle a tournés avec ou sans Jacques Feyder (ceux de la deuxième catégorie étant naturellement les plus nombreux), si le jeu de l'actrice n'a pas couru très tôt le risque — peut-être inévitable ? — de l'enfermement dans un répertoire en partie caricatural, celui d'une maîtresse-femme qui broie tout sur son passage.

Rosay est avant tout une professionnelle apte à travailler aussi bien au cinéma qu'au théâtre, au music-hall autant qu'à la radio. Ces va-et-vient sont d'ailleurs fréquents chez les acteurs français, alors que, comme elle le rappelle, pour les acteurs américains, la distance géographique entre Broadway et Hollywood les rend

---

[189] Françoise Rosay, *ibid.,* p. 223-224.
[190] Françoise Rosay, *ibid.,* p. 269-270.
[191] Françoise Rosay, *ibid.,* p. 220.

beaucoup plus difficiles. L'actrice aurait pu choisir de cacher ce qui se passe dans les coulisses et de dissimuler la part de travail qui est à l'origine de ses réussites artistiques. Elle adopte le parti inverse, offrant ainsi d'elle l'image de la vedette qui ne veut pas mentir à son public ou lui donner des illusions sur un métier qui fait beaucoup rêver. Mais une telle attitude n'est pas aussi exceptionnelle qu'on pourrait le penser. Le courrier des lecteurs des revues de l'époque reproduit régulièrement des demandes de jeunes gens aspirant à entrer dans le cercle des vedettes de la pellicule, et celles-ci les mettent souvent en garde contre un enthousiasme trop naïf, allant parfois jusqu'à les décourager, ce qui ne signifie pas nécessairement que la vision que ces vedettes donnent de leur travail corresponde exactement à la réalité.

L'actrice raconte ainsi les efforts qu'elle a dû fournir pour maîtriser tel ou tel domaine artistique, la formation qui est la sienne ainsi que les leçons qu'elle a suivies pour le chant, le piano, l'art dramatique. Elle parle de son apprentissage de l'anglais et de l'allemand qui lui est d'un grand secours quand se développe au cinéma la technique des « versions multiples », dans les années 1930, ce dont le journaliste de *Cinémonde* s'étonne, ou feint de s'étonner : « — Comment ?... Mais ?... — Parfaitement, Françoise Rosay est aussi la vedette de la version allemande. Décidément, cette femme n'a pas fini de nous étonner[192] ! ... » L'actrice dira plus tard que le tournage de *La Kermesse héroïque* en deux versions et celui des *Gens du voyage* selon le même procédé étaient prévus dès le départ afin de justifier le choix de Feyder, parfois critiqué à l'époque, de travailler hors de France, à la veille de la guerre, dans une Allemagne sous contrôle nazi[193]. En

---

[192] Maurice Bessy, *op. cit.*, p. 844

[193] Barry Nevin, « The Very Essence... », *op. cit.,* p. 469. Feyder n'était d'ailleurs pas le seul à apprécier le professionnalisme des

fonction des rôles à jouer, elle s'impose divers types d'entraînements. Ainsi, pour tirer les cartes à Pierre Richard-Willm dans *Le Grand Jeu*, l'actrice prend des leçons : « Je suis donc allée consulter une professionnelle pour qu'elle m'indique les figurines correspondant aux mots. Un, deux, trois, quatre, cinq : un deuil. Un, deux, trois, quatre, cinq : la mort. [...] Bien m'en a pris, car la scène a été filmée de telle manière qu'on voyait tout[194]. » De même, lorsqu'elle doit jouer avec Buster Keaton, il lui faut s'entraîner pour réussir des acrobaties difficiles sans avoir dans ce domaine la solide formation de l'acteur, fils d'acrobate et lui-même acrobate[195]. Ce type de récit repose sur un procédé dont Rosay n'a pas été la seule utilisatrice : raconter aux spectateurs les efforts (transformer son apparence physique, imiter un accent ou une démarche) déployés pour le divertir.

Tout ceci ne signifie pas que les doutes et les inquiétudes ne la tourmentent pas quelquefois, en particulier face à une difficulté nouvelle. La direction d'une scène de *Visages d'enfants* en l'absence de Feyder la confronte à une tâche dont elle n'a pas l'habitude. Lors de son séjour à Hollywood, les doutes réapparaissent à l'occasion du passage au parlant. Un directeur de production suggère à Feyder d'employer son épouse pour la version française de *Si l'Empereur savait ça*. Les premiers jours sont difficiles : « ... je me sentais bien peu de choses à côté des acteurs venus de Paris », avoue-t-elle. « Je n'avais pas fondé de bien grands espoirs sur ce premier rôle de film parlant », mais le succès est au rendez-vous[196].

---

studios d'outre-Rhin (pour ne citer qu'un exemple, Grémillon y a tourné *L'Étrange Monsieur Victor*).

[194] Françoise Rosay, *op. cit.*, p. 193.

[195] Françoise Rosay, *ibid.*, p. 152-153.

[196] Françoise Rosay, *ibid.*, p. 151-152.

La Traversée d'une vie réutilise l'image de la mère de famille consciente de ses devoirs qui constituait déjà un aspect de sa personnalité dans l'entre-deux-guerres. Mais, parce que le temps a passé — Jacques Feyder est mort depuis vingt-six ans et l'actrice a continué sa carrière —, elle est en mesure d'évoquer les difficultés familiales qu'elle aurait tues quelques décennies plus tôt. Outre ses conflits avec sa mère, l'actrice Sylviac qui apparaît dans *Pension Mimosas*, elle doit tenir compte du caractère de son époux : incroyablement distrait, incapable de réussir dans les métiers (militaire, employé dans une fonderie de canons) où il commence sa vie professionnelle[197], plutôt flegmatique (le bombardement qui détruit durant l'exode de 1940 l'hôtel où il dort ne le perturbe guère[198]), fort dépensier[199], un peu naïf (il croit en l'astrologie[200]) et inconscient des souffrances que son épouse peut ressentir. Ainsi, alors que son épouse vient tout juste d'accoucher de leur fils Marc, il lui raconte sa journée : « … je lui ai demandé où il était allé la veille, le pauvre garçon. — Je suis allé me promener […], et puis j'ai fait un dîner merveilleux […] Je ne sais plus ce qu'il me racontait. Délicieux. Il m'a expliqué tout son menu […] Voilà bien les hommes[201] ! » Il ne semble pas non plus mesurer le danger qu'elle court, pendant le tournage des *Gens du voyage*, lorsqu'il lui demande de se rapprocher toujours davantage des tigres avec lesquels elle travaille : « … que veux-tu, pour moi ces tigres sont des meubles[202] ». Certains aspects de leur vie de couple sont mentionnés

---

[197] Françoise Rosay, *ibid.*, p. 101.
[198] Françoise Rosay, *ibid.*, p. 247.
[199] Françoise Rosay, *ibid.*, p. 251.
[200] Françoise Rosay, *ibid.*, p. 305, déjà cité.
[201] Françoise Rosay, *ibid.*, p. 107.
[202] Françoise Rosay, *ibid.*, p. 225.

rapidement ou passés sous silence : le goût excessif de Feyder pour l'alcool, sa liaison avec Gina Manès (découverte par Marcel Carné, alors son assistant au Maroc pour *Le Grand Jeu*[203]). Curieusement, nulle mention n'est faite de ce dernier dans *La Traversée d'une vie* alors qu'il existe une interview télévisée de Rosay[204] où elle évoque les relations du couple avec celui qui allait devenir un cinéaste reconnu. Les époux mal assortis si nombreux dans les films de Feyder et que le duo Alerme-Rosay a incarnés à deux reprises apparaissent alors comme une caricature du couple Feyder-Rosay (mais Jacques Feyder n'est pas Gaston Noblet ou le Bourgmestre de Boom) : un homme talentueux mais quelque peu immature marié à une femme dynamique et réaliste — hypothèse d'autant plus plausible que Charles Spaak, le scénariste de Feyder jusqu'à *La Kermesse héroïque*, connaissait fort bien les deux artistes. En fait, le portrait que Rosay dresse en 1974 de son ex-mari est aussi, par contraste, un autoportrait : elle est ce qu'il n'était pas ou ne pouvait pas être.

Une vedette atypique

Comédienne célèbre, femme dont le volontarisme a marqué les esprits de ses contemporains, Françoise Rosay est une vedette du cinéma français dont il importe maintenant, au terme de cette étude, de définir la spécificité. Seront donc passées en revue les composantes de sa singularité : son aspect physique qui ne lui interdit pas toujours les rôles de séductrice, sa volonté de se mettre au service des films plutôt que de les utiliser uniquement à

[203] Edward Baron Turk, *Marcel Carné et l'âge d'or du cinéma français*, Paris, L'Harmattan, p.34-35.
[204] Jean-Marie Coldefy, « Françoise Rosay raconte les débuts de Marcel Carné », *Gros Plan*, 10 novembre 1956.

son profit comme outils promotionnels, l'étendue de son activité qui s'explique par sa situation d'épouse d'un réalisateur et par sa participation à des tâches extra-cinématographiques.

À la fin de l'année 1926, alors que *Gribiche* est sorti sur les écrans, paraît un article signé des initiales J. V. et intitulé « Une nouvelle star : Françoise Rosay[205] ». L'auteur y exprime son admiration pour l'actrice :

> « Les vrais débuts de Françoise Rosay dans l'art muet, l'artiste les a faits dans *Gribiche* [...] Par quel miracle une telle actrice a-t-elle d'emblée gagné la partie ? [...] Françoise Rosay, qui est une cantatrice célèbre, nous vient de l'Opéra, mais elle obtint au Conservatoire, en même temps qu'un premier prix de chant, un premier prix de comédie. [...] Naturellement, elle ne peut prétendre, étant donné sa personnalité physique et intellectuelle, à tous les rôles, mais elle peut en aborder un grand nombre... [...] Il s'agissait pour l'artiste de représenter une femme qui cache sa sensibilité derrière la volonté et la raison. »

Quelques mois plus tôt, un article publié dans *La Victoire* avait célébré l'actrice en ces termes : Jacques Feyder « nous a donné une agréable surprise en nous révélant une future grande étoile dans son dernier film *Gribiche*. Cette artiste, Mlle Françoise Rosay, incomparable dans le rôle de Mme Maranet, nous subjugua. Elle est vraiment élégante, distinguée à souhait. C'est une grande dame[206]. »

---

205 J. V., « Une nouvelle star : Françoise Rosay », *Ciné-Miroir*, 26 décembre 1926 (FEYDROS 19-B4).

206 Verhylle, « Au cinéma du Pavillon. — *Gribiche*, film français de M. Feyder », *La Victoire*, 10 juin 1926 (FEYDROS 19-B4).

J. V. qualifie Rosay de « future grande étoile » en même temps qu'il nous donne certaines des raisons pour lesquelles elle ne peut être une star au sens le plus fort que l'on peut donner à ce terme : « elle ne peut prétendre, étant donné sa personnalité physique et intellectuelle, à tous les rôles ». L'aspect physique de Rosay suscite effectivement la perplexité au début de sa carrière. Sa mère, l'actrice Sylviac, lui reproche d'être laide. Ce jugement n'est toutefois pas partagé par tous. Après une audition au Théâtre Antoine, Firmin Gémier lui déclare : « Mon enfant, c'est bien ce que vous faites, mais il faut vous résigner à être une femme… Mais oui, vous êtes belle fille, mais vous marchez comme un troufion[207]. » Le problème de Françoise Rosay — et ce qui explique, on l'a vu, la disparition de son image sur certaines affiches — a sans doute été d'avoir une beauté non conforme aux critères de son époque en la matière. Malgré le succès considérable qu'elle a rencontré pendant des décennies, il était difficilement envisageable qu'elle devînt un objet de fantasmes érotiques comme d'autres actrices ont pu le devenir. Mais on a vu que cela a pu être un atout pour elle.

Elle n'a jamais eu ces deux attributs essentiels pour toute actrice qui accède au rang de star, et dont seuls peuvent se passer les acteurs comiques : jeunesse et beauté. On imagine mal un admirateur punaisant des portraits de l'actrice sur le mur de sa chambre pour stimuler sa vie fantasmatique. Contrairement aux stars, Françoise Rosay ne fait pas rêver. Ce n'est donc pas un hasard si, dans l'ouvrage intitulé précisément *Les Stars* qu'il publie en 1957[208], après *Le Cinéma ou l'Homme imaginaire* — et donc dans un contexte intellectuel où la question des acteurs n'est pas considérée comme un « bon objet » par

---

[207] Françoise Rosay, *op. cit.*, p. 60.
[208] Edgar Morin, *Les Stars*, Paris, Le Seuil, coll. ''Points Essais'', 2015 [1957].

les chercheurs —, Edgar Morin ne la nomme jamais et ne s'intéresse jamais à elle. Outre le fait que l'auteur ne pouvait prendre, dans le cadre de son ouvrage, qu'un nombre limité d'exemples (souvent empruntés au cinéma hollywoodien), la raison de ce désintérêt est facile à comprendre. Même si le public l'admire, Rosay ne provoque pas la passion des foules.

Quant aux recherches menées dans le cadre des *star studies*, qui poursuivent le travail d'analyse initié par Morin, elles ont été longtemps menées par des chercheurs anglo-saxons. Elles se sont donc naturellement tournées vers l'industrie hollywoodienne, vers un secteur d'activité conçu en fonction d'une rentabilité maximale, non vers les pratiques semi-artisanales de cinématographies nettement moins structurées sur le plan économique, comme c'était le cas pour la production française de l'entre-deux-guerres (c'est pourtant un Français, Max Linder, qui, selon Ginette Vincendeau[209], aurait été la première star de l'histoire du cinéma). Cette moindre standardisation de la production nationale a probablement bénéficié à Françoise Rosay. Elle lui a sans doute permis ainsi de faire accepter son physique atypique — ou du moins perçu comme tel à l'époque.

L'éventail des possibilités dramatiques offertes à l'actrice ne s'est pourtant pas limité aux rôles de femmes privées de vie sentimentale, comme c'est le cas pour Édith Maranet ou Mme Rose. L'actrice a su se rendre crédible en femme aimée ou amoureuse. Cela a pu être sur le mode comique : pensons aux duos entre l'orgueilleuse Margaret Molyneux et William Kramps, « la terreur des abattoirs » (Jean-Louis Barrault), dans *Drôle de drame* (Marcel Carné, 1937). Cornélia, l'héroïne de *La Kermesse héroïque*, vit bel et bien une aventure amoureuse avec le

[209] L'auteur consacre un chapitre entier au comédien dans *Les Stars et le star-système en France*, Paris, L'Harmattan, 2009, p. 52-72.

duc d'Olivarès (Jean Murat), même si l'aventure en question ne dure qu'une nuit ; Louise Noblet, dans *Pension Mimosas*, est animée de sentiments comparables, mais beaucoup plus troubles, puisqu'ils concernent son fils adoptif ; Flora, la dompteuse des *Gens du voyage*, n'a pas oublié sa liaison, dans le passé, avec Fernand (André Brûlé) qui reste épris d'elle. Un rapide survol des films tournés par l'actrice à la même époque avec d'autres réalisateurs la montre également capable de séduire. Ainsi, dans *Le Fauteuil 47*, elle doit marier Loulou, sa fille, à Paul Séverac. Or le jeune homme se révèle dès le départ plus sensible aux charmes de sa future belle-mère qu'à ceux de sa jeune fiancée. Il parvient cependant à éviter la tentation — parcours inverse de celui de Lucien Dancret dans *Jenny*, l'amant du personnage qui donne son nom au film, une femme plus âgée que lui qu'il finit par délaisser en tombant amoureux de la fille de celle-ci.

Dans chacun de ces rôles l'actrice incarne, on l'a dit, des femmes à fort tempérament. Faut-il y voir le signe que l'actrice fait oublier le personnage, ne se laisse jamais absorber par lui ? Madame Audié, la mère folle d'*Un carnet de bal*, et l'enseignante perturbée de la pension pour jeunes filles dans le troisième épisode d'*Une femme disparaît* semblent ne pas correspondre à ce schéma. Mais il faudrait analyser une quantité plus importante de films pour répondre de façon précise à cette question. Françoise Rosay peut adopter des transformations physiques et morales fort peu avantageuses et susceptibles de dégrader son image. On pense à Tona, la vieille servante qui refuse le mariage du fermier dans le deuxième épisode du même film, ou à l'ignoble Madame Rose de *Macadam*. Mais elle reste pratiquement à chaque fois une « femme de tête », ce qui la rapproche d'une actrice comme Gabrielle Dorziat. La force de tempérament caractérise aussi bien l'image de l'actrice que la plupart des personnages qu'elle joue. Ces éléments forment, pour reprendre l'expression popularisée par Hans Robert Jauss[210], l'« horizon d'attente » du public, qui vient voir au cinéma une maîtresse-femme vaincre avec maestria les obstacles qui se dressent sur sa route. Ils orientent à leur tour les choix artistiques et professionnels de la comédienne, qui souhaite avant tout ne pas décevoir. Et si l'on passe de cet horizon d'attente à la réception par le spectateur, on note que, élément essentiel de la mémoire cinéphilique de celui-ci, elle conserve avec elle à chaque nouvelle apparition les traces des apparitions précédentes. L'actrice connue « produit du sens dans un film parce qu'elle est une image déjà signifiante[211] », qu'elle soit une star ou « seulement » une vedette.

Comme toute comédienne, Françoise Rosay joue les rôles que son physique, son âge, ses capacités et les contraintes genrées de son époque lui permettent de jouer, même si tel ou tel aspect de sa personnalité s'accentue en fonction des scénarios. Ainsi, comme pour beaucoup d'actrices de sa génération, l'élégance vestimentaire fait partie intégrante de son image. Il s'agit là d'une obligation qui s'impose alors aux femmes davantage qu'aux hommes, même si certains « emplois » masculins (les personnages de séducteurs, de joueurs, de mondains) nécessitent ce type de raffinement. Mais ce trait peut s'atténuer ou disparaître, en fonction du milieu social représenté, dans *Le Grand Jeu*, par exemple (la tenue de

---

[210] Hans Robert Jauss, *Pour une esthétique de la réception*, Paris, NRF / Gallimard, 1987.

[211] Richard Dyer, *Le Star-système hollywoodien*, Paris, L'Harmattan, 2004, p. 87. C'est effectivement le cas de tout acteur familier au public, star ou non, qu'on retrouve de film en film. C'est cet effet que cherchent à neutraliser les cinéastes qui emploient des non-professionnels dont l'image est « vierge » — effet qui refait surface quand les non-professionnels deviennent à leur tour des acteurs connus (A. Wiazemsky ou D. Sanda chez R. Bresson).

satin qu'elle porte est plus érotique qu'élégante), ou encore dans *Les Gens du voyage* et *Macadam*, qu'elle interprète alors qu'elle est nettement plus âgée. Par ailleurs, il est difficile d'enfermer Rosay dans un « emploi » défini. Les comédiennes du cinéma français de l'entre-deux-guerres remplissent souvent des fonctions stéréotypées : ingénues (Danielle Darrieux, Josette Day), garces (Ginette Leclerc, Viviane Romance), écervelées insupportables (Suzy Delair), vieilles filles aigries (Maximilienne, Jeanne Fusier-Gir, Héléna Manson). Ce type de caractérisation contribue d'ailleurs à donner aux films de cette période leur aspect « daté » et leur charme suranné. Quelques actrices — on pense à Madeleine Renaud chez Jean Benoît-Lévy ou Jean Grémillon — ont pu s'en libérer. C'est probablement grâce à cette faculté d'échapper aux catégorisations conventionnelles que le jeu de Rosay résiste si bien au passage du temps.

L'actrice sait se mettre au service du rôle qu'elle joue. Pour citer deux films tournés à peu de distance l'un de l'autre, donc sans qu'intervienne le critère de l'âge ou du vieillissement de la comédienne, Louise Noblet n'a pas la même attitude que Mme Blanche, costumes et intonations diffèrent même si la personnalité de l'actrice et son image gardent un fort noyau de stabilité. Dans l'ouvrage qu'ils ont écrit en commun, *Le Cinéma, notre métier,* Jacques Feyder et Françoise Rosay rapportent un trait de caractère de Marlene Dietrich : « Ses conceptions pour habiller son personnage ne tiennent aucun compte du scénario, des contingences, de la situation de l'héroïne, de son milieu social. Il s'agit de revêtir des ‘‘toilettes Marlene Dietrich''[212] ». Grâce à leur expérience du cinéma hollywoodien, les auteurs savent que certains acteurs influents peuvent jouer un rôle à ce point capital dans

---

[212] Jacques Feyder, Françoise Rosay, *Le Cinéma, notre métier*, Genève, Pierre Cailler, 1946, p. 56.

l'élaboration des films que ceux-ci en viennent parfois à être conçus autour d'eux et en fonction d'eux. C'est ce qui s'est produit lors de la préparation par Feyder du *Chevalier sans armure* (*Knight Without Armour*, 1937) où le rôle de Robert Donat a dû être réduit pour avantager l'actrice[213]. Mais l'on peut se demander si *Pension Mimosas*, *La Kermesse héroïque* et surtout *Une femme disparaît* n'ont pas rempli cette fonction pour Françoise Rosay, en lui donnant l'occasion de montrer sa capacité d'adaptation à la diversité des rôles.

Quelles relations établir alors entre l'actrice, dont l'existence est attestée, et les personnages de fiction qu'elle incarne ? On peut partir de l'hypothèse que si Rosay a joué certains rôles plutôt que d'autres, c'est que, par son âge, son physique, mais aussi sa personnalité, elle leur correspondait en partie. Rappelons que cette caractéristique est importante dans le cadre d'un art — le cinéma, avec ses gros plans, sa capacité à reproduire des espaces naturels — dont les codes de représentation s'inscrivent dans ce que l'on peut appeler, en un sens très large, le « réalisme[214] ». Fernand Contandin *alias* Fernandel ne saurait être assimilé au brave garçon un peu simple d'esprit que mettent en scène les films de Pagnol ; mais ses traits chevalins et son accent du sud le prédisposent à jouer un certain type de rôle, non nécessairement comique. Il en va de même pour les seconds rôles, Pauline Carton, par exemple, qu'on retrouve souvent dans les mêmes emplois de bonne, de cuisinière ou de concierge alors qu'ils ne correspondent

[213] Françoise Rosay, *La Traversée d'une vie*, *op. cit.*, p. 165-166.

[214] Au théâtre, pour des raisons matérielles (l'absence jusqu'au XXe siècle de moyens techniques destinés à amplifier le volume de la voix) et parfois culturelles (l'interprétation de rôles féminins par des hommes, dans certaines sociétés, dans la Grèce antique, au Kerala pour le kathakali ou au Japon avec les *onnagata*), l'exigence de réalisme a pu compter beaucoup moins.

nullement à la personnalité de l'actrice[215]. Admettre ces similitudes partielles entre l'actrice de cinéma Françoise Rosay et les personnages qu'elle incarne tout au long de sa carrière ne signifie donc nullement que l'on commet l'erreur de les confondre, pas plus que ne la commettent les fans : « L'acteur n'est pas le personnage de fiction ; je ne peux pas les confondre, surtout s'il s'agit d'un visage connu, chargé de vies antérieures[216]. » Et c'est d'autant plus vrai quand s'élargit le domaine des images animées et qu'il est possible de voir ces mêmes acteurs dans un contexte non fictionnel.

De plus, Françoise Rosay n'a pas limité ses activités au travail d'actrice. Être l'épouse d'un réalisateur connu lui donne l'occasion d'intervenir dans le contenu des films de celui-ci : choix de l'œuvre littéraire à adapter, détails du scénario, voire mise en scène de certaines séquences dans des œuvres où elle ne joue pas et qui ne font pas partie de notre corpus. Qu'une femme accède à la réalisation dans les années 1920-1940 n'est alors que très difficilement envisageable, et bien rares sont les exceptions (Germaine Dulac, Marie Epstein, Marguerite Viel) à la règle. Mais c'est elle qui, après l'échec public de *L'Image* (1923), se met en quête d'une œuvre littéraire à adapter et découvre le texte de Frédéric Boutet qui est à l'origine de *Gribiche*. Elle assiste même le réalisateur la même année pour *Visages d'enfants* et dirige une scène délicate à tourner[217] ; Feyder étant malade et sans connaître un mot d'espagnol, elle fait se mouvoir une foule dans une arène pour *Carmen*

[215] Yves Uro, *Pauline Carton, itinéraire d'une actrice éclectique*, Paris, L'Harmattan, 2009.
[216] Jacqueline Nacache, *L'Acteur de cinéma*, Paris, Nathan, 2003, p. 12.
[217] Françoise Rosay, *La Traversée d'une vie, op. cit.*, p. 114-115.

en 1925-1926[218] ; elle s'occupe de choisir elle-même son costume pour *Le Grand Jeu* en s'inspirant d'une opérette vue à Berlin[219].

À l'occasion, elle écrit dans la presse : on a vu qu'au printemps 1936, l'actrice tient pendant quelques semaines dans *Pour Vous* une sorte de chronique intitulée « Quelques images de ma vie d'artiste[220] » qui s'étale sur une page de chaque numéro. Elle a également une activité politique, certes modeste, mais à laquelle sa notoriété confère un poids important. On l'a vu également, elle intervient dans des manifestations féministes ; elle adresse une « lettre aux femmes allemandes[221] » dans des circonstances réellement dangereuses, au moment où l'Allemagne attaque la France. Elle parle à la radio d'Alger[222] pendant la guerre. Au moment de la Guerre froide, le 15 juillet 1951, dans une période qui dépasse les bornes chronologiques fixées pour cette étude, elle participe au « rassemblement de la Paix » dont rend compte la revue d'obédience communiste *L'Écran français*[223]. Son image de vedette s'est donc aussi construite grâce à des supports non filmiques (presse écrite, radio) qui avaient le mérite d'être plus facilement accessibles que la projection en salle à des publics ruraux ou provinciaux. Dans son ouvrage sur le star-système hollywoodien, Richard Dyer propose un classement de ces

---

[218] Françoise Rosay, *ibid.*, p. 112-113.
[219] Françoise Rosay, *ibid.*, p.191.
[220] Articles publiés dans les numéros 381, 382, 383, 384, 386, 388 et 390 de *Pour Vous*, du 5 mars au 7 mai 1936.
[221] Françoise Rosay, « Message adressé par Françoise Rosay aux femmes allemandes, le soir de Noël 1939 », *Pour Vous* n° 581, 3 janvier 1940, p. 6.
[222] Françoise Rosay, *La Traversée d'une vie, op. cit.*, p. 266.
[223] Anonyme, « Françoise Rosay, Claude Autant-Lara et Carette élus au studio de Boulogne, délégués pour le rassemblement de la Paix du 15 juillet », *L'Écran français* n° 305, 9 mai 1951, p. 17.

supports[224] qui contribuent à la notoriété des stars. Or on pourrait lui objecter que des comédiens tels que Rosay, qui ne relève pas à proprement parler de ce statut et évolue dans un autre environnement, ont également suscité documents promotionnels et discours critiques. Produit culturel qui a nécessité un investissement, aussi modeste soit-il, tout film doit être rentabilisé autant que faire se peut ; tout film est susceptible de faire éclore des articles dans la presse.

Veuve d'un réalisateur célèbre, Rosay gère le patrimoine artistique de celui-ci après son décès. Ainsi, en 1951, elle a des entretiens avec Terence Young relatifs à un projet de film, *Circus*, conçu pour être un remake des *Gens du voyage* ; en 1953, elle correspond avec des représentants de la Colon Films, une maison de production argentine, qui envisage de tourner une nouvelle version de *Pension Mimosas*[225]. Toutes ces activités, dont ne sont donnés ici que quelques exemples, montrent l'étendue de ses compétences. Certes, Rosay n'est pas la seule artiste de son époque à savoir conjuguer talent artistique et qualités de gestionnaire ; longtemps abonné, on l'a dit, aux rôles de benêt méridional, Fernandel passe pour avoir été un homme d'affaires avisé, créateur en 1963 avec Jean Gabin d'une société de production, la GaFer. Mais elle présente la particularité d'offrir à l'écran, contrairement à Fernandel, des images fictionnelles qui n'entrent généralement pas en contradiction avec ce que l'on pouvait percevoir d'elle dans la sphère professionnelle. Toutefois, elle n'a pas participé, du moins à notre connaissance, à des campagnes publicitaires, alors qu'elle a vécu assez longtemps pour connaître le développement

---

224 Richard Dyer, *op. cit.*, p. 62-67.

225 Les documents concernant ces projets sont consultables dans les archives de la Cinémathèque française (FEYDROS 34-B7, FEYDROS 51-B15).

de médias tels que la télévision. Elle n'a jamais, comme les stars dont parle Edgar Morin, patronné « parfums, savons, cigarettes, etc.[226] ». On peut avancer l'hypothèse selon laquelle l'actrice ne devait guère apprécier ce type d'emploi. Mais la cause la plus probable de ce manque d'intérêt (de la part de l'actrice ou des publicitaires) est liée au fait que la promotion de ces produits doit une grande part de son efficacité à l'érotisme de la personne qui en fait la promotion.

L'ensemble de ces traits dessine donc l'image d'une « femme de tête » non exclusivement préoccupée par les fêtes, le luxe ou le succès mondain, mais aussi d'une vedette atypique, en raison de son physique inhabituel pour les canons de beauté de l'époque et du couple créateur qu'elle forme avec Jacques Feyder.

Au terme de cette exploration des personnages féminins joués par Françoise Rosay dans les films de Jacques Feyder, enrichie par l'étude de la réception et de la médiatisation de l'actrice dans la presse de l'époque, il est désormais envisageable d'apporter des réponses aux questions que nous nous étions posées en début de parcours. Les films qui font l'objet de cette étude ont été pensés et conçus tout au long d'une période de vingt ans, 1926-1946, par un cinéaste et des scénaristes qui, tous, entretenaient une relation de plus ou moins grande proximité avec l'actrice Françoise Rosay. Les collaborateurs du réalisateur savaient comment vivait ce couple d'artistes : un mari parfois distrait ou négligent, une épouse dirigeant son ménage avec dynamisme et fermeté. On peut émettre l'hypothèse que c'est en prenant pour point de départ cette situation et en la transformant, en en grossissant les traits, que les scénaristes ont imaginé

[226] Edgar Morin, *op. cit.*, p. 100.

les couples déséquilibrés si fréquents dans les films étudiés ici.

Il va également de soi que l'actrice, dont les proches connaissaient le caractère interventionniste, devait, quand ses obligations professionnelles le lui permettaient, suivre le processus d'écriture, donner son opinion sur les choix narratifs opérés par Charles Spaak, Bernard Zimmer ou Jacques Viot. Le baiser de Louise Noblet à son filleul Pierre à la fin de *Pension Mimosas*, proposé par Feyder, rejeté par Spaak, et finalement imposé par Rosay, en est un exemple. Tout laisse à penser que cette situation s'est reproduite à d'autres occasions. Par ailleurs, on est immanquablement conduit à constater, à la vision des films, la relative uniformité des figures interprétées par la comédienne. Par-delà la diversité des milieux sociaux représentés, Françoise Rosay apparaît dans chaque film semblable à elle-même : une maîtresse-femme. Des metteurs en scène ont pu lui confier des rôles de femme égarée ou affaiblie par le cours des événements (Carné dans *Jenny*, Feyder dans un des épisodes d'*Une femme disparaît*) ; force est de reconnaître que l'actrice travaille alors dans un registre qui n'est pas vraiment le sien. Ces éléments justifient donc qu'on établisse un lien de ressemblance entre Rosay et les personnages qu'elle a interprétés, même s'il n'est pas question d'attribuer à la comédienne l'ensemble des traits qui les caractérisent. Ajoutons que ce personnage de femme autoritaire et volontariste n'apparaît pas, à notre connaissance, dans les films de Feyder tournés sans Rosay qu'il nous a été possible de visionner.

Cette caractéristique de l'actrice se trouve renforcée par le fait qu'elle a commencé sa véritable carrière au cinéma à un âge où elle avait acquis une relative assurance dans d'autres domaines artistiques. Elle aurait peut-être donné d'elle une image différente si lui avait été offerte la possibilité d'obtenir à l'écran des rôles importants plus tôt. En 1926, jouer les ingénues n'était plus possible pour elle — d'autant que, comme le rappelle Myriam Juan[227], les critiques de cette période reprochaient souvent aux acteurs d'être beaucoup plus âgés que les personnages qu'ils étaient censés représenter et y voyaient une faiblesse de la production française.

Se pose alors la question de la réception par le public de ces films de Feyder qui attribuent une place centrale à des personnages féminins pourvus d'une forte personnalité. À une époque où la composante féminine de la population devait encore se contenter d'un statut qui la maintenait sous la domination des hommes (absence de droit de vote, criminalisation de l'avortement, vie active entravée par l'accès à un nombre restreint de professions), comment réagissait le public devant ces œuvres ? *La Kermesse héroïque*, seule production du couple à avoir provoqué des réactions de rejet, a choqué certains Flamands en raison des couleurs dévalorisantes sous lesquelles ils étaient dépeints, non à cause de la prise de pouvoir temporaire d'une femme sur la ville de Boom. Aucun des six films étudiés ici n'a fait l'objet d'une décision de censure à sa sortie sur les écrans, comme cela avait été le cas pour *Les Nouveaux Messieurs*.

Tous les personnages féminins joués par Rosay (sauf Cornélia, pour des raisons de vraisemblance historique) se consacrent à un travail professionnel ou extérieur au foyer, telle Édith Maranet, adepte de l'action charitable (si elle n'a pas de véritable activité professionnelle, c'est que son rang social la protège de tout besoin matériel) ; mais il s'agit toujours d'un type d'occupation accepté par la société. Dans les films de notre corpus, cette activité n'est pratiquement jamais un sujet de conflit, ni même de simple discussion, entre les héroïnes et leur entourage.

---

[227] Myriam Juan, *op. cit.*, p. 125-128.

Elle n'entre pas non plus en contradiction avec les normes sociales de l'époque, même si les occupations domestiques sont alors majoritairement considérées comme le domaine exclusif des femmes, surtout lorsque celles-ci accèdent à la maternité. Sur ce point, on ne perçoit pas d'évolution remarquable de 1926 à 1946.

Par ailleurs, alors que quatre personnages sur les six que nous étudions sont des mères, la question de l'incompatibilité entre vie professionnelle et maternité n'est jamais posée. Françoise Rosay elle-même réglait le problème en affirmant que mener les deux de front était le sort de toutes les femmes[228]. Il n'en reste pas moins que, pour une femme de la première moitié du XXème siècle, s'affirmer par le chant, le théâtre, le cinéma sans négliger pour autant mari, enfants et foyer suppose une grande pugnacité. La force de caractère manifestée par l'actrice et les personnages qu'elle interprète apparaissent alors comme l'envers et le résultat d'une position d'infériorité commune aux femmes de son époque. Certes, la situation de Rosay devait être perçue comme acceptable et même admirée par une bonne partie de la société. Mais pas par la totalité de celle-ci : pendant l'Occupation, la politique familiale du régime de Vichy viendra rappeler la persistance dans une frange de l'opinion de conceptions beaucoup plus conservatrices[229]. Certains espaces professionnels n'étaient accessibles aux femmes dans l'entre-deux-guerres que parce qu'ils étaient considérés comme compatibles avec les signes distinctifs d'une hypothétique « nature » féminine.

---

[228] Interview accordée à Doringe citée précédemment, *Pour Vous* n° 447, 9 janvier 1937, p. 15.

[229] Exemple caricatural, le personnage de Mona Lorenza (Elvire Popesco) dans *Le Voile bleu* (Jean Stelli, 1942), « mauvaise mère » qui préfère vaquer à ses occupations professionnelles plutôt que d'assister à la première communion de sa fille Charlotte (Raymonde La Fontan) confiée à sa gouvernante Louise Jarraud (Gaby Morlay).

La question de l'activité professionnelle des mères demeure problématique encore en 1953, quand Grémillon tourne, dans une optique progressiste, *L'Amour d'une femme*, dont on a eu l'occasion de parler. Résigné dans un premier temps à épouser une femme qu'il aime bien qu'elle exerce en tant que médecin, le personnage masculin se ravise à la fin du film, lorsque est abordée la question de la maternité. Placée devant la nécessité de choisir — enfants ou profession ? —, l'héroïne décide alors de rester fidèle à son seul « amour », son métier. Contrairement aux personnages incarnés par Rosay, la jeune femme n'écrase pas son entourage par son autoritarisme. Mais, parce qu'elle exerce un métier habituellement réservé aux hommes — celui d'infirmière choquerait moins —, elle se trouve dans une situation plus difficilement acceptable, sur le plan social, que celle des personnages de Feyder.

Doit-on en déduire que les créations du couple Feyder-Rosay se révèlent finalement moins audacieuses que nous aurions pu être enclin à le penser ? Si leur réception médiatique se déroule en fin de compte sans difficulté majeure, c'est qu'elles ne heurtent pas frontalement les assignations de genre en vigueur durant cette période de vingt ans. Françoise Rosay aime à se présenter comme une mère de famille ; elle autorise (à moins qu'elle n'encourage) la presse à la photographier en compagnie de son mari et de ses trois fils ou, à Hollywood, en train de cuisiner. Elle parvient, par les personnages qu'elle incarne, à résoudre (au moins partiellement) la tension qui traverse la France de son temps entre l'aspiration à une plus grande autonomie pour les femmes et un statut collectif archaïque qu'on redoute de voir bouleversé. C'est aussi parce qu'une partie de la société commence à accepter des changements qui, tant bien que mal, et malgré l'épisode pétainiste, vont se poursuivre pendant les décennies suivantes.

Les personnages volontaristes et dynamiques qu'elle interprète réalisent donc ce qu'on pourrait appeler une « subversion douce », nettement moins choquante pour l'opinion publique que la révolution capillaire, vestimentaire et sexuelle opérée par les « garçonnes » pendant les « années folles ». Par la même occasion, elle offre aux femmes de son époque un modèle de comportement qui, sans jouer la carte de l'excentricité, peut leur donner la force d'affronter et de vaincre la domination masculine.

Filmographie

Les informations concernant les films de Feyder ont été empruntées en majeure partie à la filmographie très détaillée donnée à la fin du numéro spécial de *1895* consacré au réalisateur.

— 1926 : *Gribiche*

1 h 52. RÉALISATION : Jacques Feyder. SCÉNARIO ET DIALOGUES : Jacques Feyder, d'après Frédéric Boutet. PHOTOGRAPHIE : Maurice Forster, Maurice Desfassiaux. DÉCORS : Lazare Meerson. ASSISTANCE RÉALISATION : Henri Chomette. PRODUCTION : Alexandre Kamenka (Albatros).

PRINCIPAUX INTERPRÈTES : Françoise Rosay (Édith Maranet), Jean Forest (Antoine Belot, dit Gribiche), Cécile Guyon (Anna Belot), Rolla Norman (Philippe Gavary), Alice Tissot (L'institutrice anglaise).

TOURNAGE : 30 juin – 26 septembre 1925. SORTIE : 2 avril 1926.

ÉDITION DVD : La Cinémathèque française / Flicker Alley, 2013.

— 1934 : *Le Grand Jeu*

1 h 51. RÉALISATION : Jacques Feyder. SCÉNARIO ET DIALOGUES : Jacques Feyder, Charles Spaak. PHOTOGRAPHIE : Maurice Forster, Harry Stradling. DÉCORS : Lazare Meerson. MONTAGE : Jacques Brillouin. PRISE DE SON : Hermann Storr. MUSIQUE : Hans Eisler. ASSISTANCE RÉALISATION : Marcel Carné, Charles Barrois.

PRINCIPAUX INTERPRÈTES : Françoise Rosay (Madame Blanche), Marie Bell (Florence, Irma), Claude Marcy (voix d'Irma), Georges Pitoëff (Nicolas Ivanoff), Pierre Richard-Willm (Pierre Martel, *alias* Pierre Muller), Charles Vanel (Clément), Pierre Larquey (Gustin).

TOURNAGE : 30 septembre – 9 décembre 1933. SORTIE : 27 avril 1934

ÉDITION DVD : Pathé Classique, 2007.

— 1935 : *Pension Mimosas*

1 h 45. RÉALISATION : Jacques Feyder. SCÉNARIO : Jacques Feyder, Charles Spaak. DIALOGUES : Charles Spaak. PHOTOGRAPHIE : Roger Hubert. DÉCORS : Lazare Meerson. PRISE DE SON : Hermann Storr. MUSIQUE : Armand Bernard. ASSISTANCE RÉALISATION : Marcel Carné, Ary Sadoul. PRODUCTION : Films sonores Tobis.

PRINCIPAUX INTERPRÈTES : Françoise Rosay (Louise Noblet), André Alerme (Gaston Noblet), Paul Bernard (Pierre), Bernard Optal (Pierre enfant), Edy Debray (le père de Pierre), Lise Delamare (Nelly), Jean-Max (Romani), Arletty (Parasol), Héléna Manson (une rentière).

TOURNAGE : 13 août – 9 octobre 1934. SORTIE : 18 janvier 1935.

ÉDITION DVD : TF1 International.

— 1935 : *La Kermesse héroïque*

1 h 50. RÉALISATION : Jacques Feyder. SCÉNARIO : Jacques Feyder, Charles Spaak. DIALOGUES : Bernard Zimmer (version française). ADAPTATION : Jacques Feyder, Charles Spaak, Robert A. Stemmle, d'après une nouvelle de Charles Spaak. CONSEILLER HISTORIQUE : M. Sterling. PHOTOGRAPHIE : Harry Stradling Sr, Louis Page, André Thomas. DÉCORS : Lazare Meerson, Alexandre Trauner, Georges Wakhévitch. COSTUMES : Georges K. Benda, J. Muelle. MONTAGE : Jacques Brillouin. PRISE DE SON : Hermann Storr. MUSIQUE : Louis Beydts. ASSISTANCE ARTISTIQUE : Charles Barrois, Marcel Carné. PRODUCTION : Films sonores Tobis.

PRINCIPAUX INTERPRÈTES : Françoise Rosay (Cornélia), André Alerme (le bourgmestre de Boom), Louis Jouvet (le chapelain), Micheline Cheirel (Siska), Bernard Lancret (Jean Brueghel), Jean Murat (le duc d'Olivarès), Alfred Adam (le boucher), Arthur Devère (le poissonnier), Lyne Clevers (la poissonnière), Marguerite Ducouret (la femme du brasseur), Marcel Carpentier (le boulanger), Maryse Wending (la boulangère), Roger Legris (le mercier), Alexandre d'Arcy (un lieutenant espagnol), Claude Sainval (un autre lieutenant espagnol), Delphin (le nain).

TOURNAGE : juillet – octobre 1935. SORTIE : 1er décembre 1935.

ÉDITION DVD : LCG Éditeurs & Production, coll. ''Les Films du Collectionneur'', 2007.

— 1938 : *Les Gens du voyage*

1 h 48. RÉALISATION : Jacques Feyder. SCÉNARIO : Jacques Feyder, Jacques Viot. DIALOGUES : Jacques Viot. PHOTOGRAPHIE : Franz Koch. DÉCORS : Jean d'Eaubonne. MONTAGE : Roger Spiri-Mercanton. PRISE DE SON : Friedrich Wilhelm. MUSIQUE : Wolfgang Zeller. ASSISTANCE RÉALISATION : Louis Chavance, André Roanne. PRODUCTION : Films sonores Tobis.

PRINCIPAUX INTERPRÈTES : Françoise Rosay (Flora la dompteuse), André Brulé (Fernand), Marie Glory (Pepita), Sylvia Bataille (Yvonne Barlay), Louise Carletti (Suzanne Barlay), Guillaume de Sax [graphie du générique d'origine : Saxe] (Édouard Barlay, le directeur), Fabien Loris (Marcel).

SORTIE : 4 mars 1938

ÉDITION VHS : René Château, coll. ''La Mémoire du Cinéma'', 1999.

— 1946 : *Macadam*

1 h 40. RÉALISATION : Marcel Blistène. DIRECTION ARTISTIQUE : Jacques Feyder. SCÉNARIO ET DIALOGUES : Jacques Viot. PHOTOGRAPHIE : Louis Page, Louis Arrignon. DÉCORS : Jean d'Eaubonne. MONTAGE : Isabelle Elman. PRISE DE SON : René-Christian Forget. MUSIQUE : Jean Wiener, Marguerite Monnot. CHANSON : Henri Contet. ASSISTANCE RÉALISATION : Mlle Pernette. SCRIPTE : Madeleine Feix. PRODUCTION : B.U.P.française Tucherer.

PRINCIPAUX INTERPRÈTES : Françoise Rosay (Madame Rose), Andrée Clément (Simone), Jacques Dacqmine (François), Paul Meurisse (Victor Ménard), Simone Signoret (Gisèle), Paul Demange (Marcel), Jeannette Batti (Mona),

Georges Bever (Armand), André Nicard (le voleur de draps), Roger Vincent (le monsieur du Mans).

TOURNAGE : 12 juin – 24 août 1946. SORTIE : 27 novembre 1946.

ÉDITION VHS : René Château, coll. ‘‘Mémoire du Cinéma français’’.

Bibliographie

Documents du fonds Feyder-Rosay, Bibliothèque de la Cinémathèque française (1928-1971)

FEYDROS 17-B1 : *Gribiche* : Albatros, contrat et comptes d'exploitation, ms, correspondance, production, document comptable, 1928, 17 f. dactyl.

FEYDROS 19-B4 : *Gribiche* : album de presse, 1921-1932, 1 doc., ca 100 f., impr., annot., ms ; 22 f., dactyl.

FEYDROS 20-B9 : *Le Grand Jeu* : continuité dialoguée manuscrite, 4 f., ms ; 104 f. ms.

FEYDROS 21-B5 : *Le Grand Jeu* : scénario manuscrit et tapuscrit, 177 f., ms ; 266 f., impr. annot. ms

FEYDROS 22-B5 : *Le Grand Jeu* : correspondance, demande de visa, document contractuel, 1934-1971, 21 f., dactyl., multigr.

FEYDROS 23-B5 : *Pension Mimosas* : correspondance, 1934-1956, 21 f., dactyl., ms.

FEYDROS 24-B6 : *Pension Mimosas* : scénario manuscrit de J. Feyder et exemplaire tapuscrit dédicacé par J. Feyder à Françoise Rosay, 183 f., ms ; 1 carte postale ; 164 f., dactyl. annot. ms.

FEYDROS 25-B7 : *Pension Mimosas* : coupures de presse, revue de presse, 1935, 60 f., impr. annot. ms.

FEYDROS 28-B3 : *Gribiche, La Kermesse héroïque* : correspondance de Charles Spaak à Jacques Feyder, coupures de presse, 1926-1937, 22f., ms, impr.

FEYDROS 29-B8 : *La Kermesse héroïque* : correspondance, production, document comptable, 1935-1955, 57 f., dactyl., multigr., ms.
FEYDROS 30-B8 : *La Kermesse héroïque* : tentative de co-production, 1935-1936, 13 f. dactyl. ; 13 f. dactyl.
FEYDROS 30-B10 : *La Kermesse héroïque* : contrat et procès, 1927-1938, ca 80 f., dactyl., ms, impr. annot. ms.
FEYDROS 34-B7 : *Les Gens du voyage* : document contractuel, 1937-1952, 11 f. dactyl.
FEYDROS 35-B11 : *Les Gens du voyage* : scénario manuscrit de Jacques Feyder 1/2, 101 f., ms.
FEYDROS 36-B12 : *Les Gens du voyage* : scénario manuscrit de Jacques Feyder 2/2, 112 f., ms.
FEYDROS 37-B7 : *Les Gens du voyage* : scénario en français, exemplaire de Françoise Rosay, 186 f., impr. annot. ms ; 3 f. ms, dactyl. annot. ms.
FEYDROS 51-B15 : *Pension Mimosas, La Kermesse héroïque, Les Gens du voyage* : correspondances diverses, 1948-1968, 24 f., dactyl. annot. ms.
FEYDROS 68-B16 : *Macadam* : contrats et coupures de presse et document comptable, 1946-1950, 19 f. dactyl., 5 f. impr.

Écrits de Jacques Feyder et Françoise Rosay, transcriptions de propos de l'actrice (1936-1974)

FEYDER Jacques, ROSAY Françoise, *Le Cinéma, notre métier*, Genève, Pierre Cailler, 1946.
ROSAY Françoise, « Le billet de Françoise Rosay », *Pour Vous* n° 574, 15 novembre 1939, p. 3.
ROSAY Françoise, « Message adressé par Françoise Rosay aux femmes allemandes, le soir de Noël 1939 », *Pour Vous* n° 581, 3 janvier 1940, p. 6.
ROSAY Françoise, « Le billet de Françoise Rosay », *Pour Vous* n° 585, 31 janvier 1940, p. 2.
ROSAY Françoise, FRANK Nino, « Quelques images de ma vie d'artiste [1] », *Pour Vous* n° 381, 5 mars 1936, p. 6.
ROSAY Françoise, FRANK Nino, « Quelques images de ma vie d'artiste [2] », *Pour Vous* n° 382, 12 mars 1936, p. 7.

ROSAY Françoise, FRANK Nino, « Quelques images de ma vie d'artiste [3] », *Pour Vous* n° 383, 19 mars 1936, p. 6.

ROSAY Françoise, FRANK Nino, « Quelques images de ma vie d'artiste [4] », *Pour Vous* n° 384, 26 mars 1936, p. 6.

ROSAY Françoise, FRANK Nino, « Quelques images de ma vie d'artiste [5] », *Pour Vous* n° 386, 9 avril 1936, p. 6.

ROSAY Françoise, FRANK Nino, « Quelques images de ma vie d'artiste [6] », *Pour Vous* n° 388, 23 avril 1936, p. 5.

ROSAY Françoise, FRANK Nino, « Quelques images de ma vie d'artiste [7] », *Pour Vous* n° 390, 7 mai 1936, p. 4.

ROSAY Françoise, MARS Colette, *La Traversée d'une vie*, Paris, Robert Laffont, coll. *Vécu*, préf. Jean Anouilh, 1974.

Articles de magazines populaires (1929-1946)

AMSLER Hélène, [article sans titre], *Cinémonde* n° 369, 14 novembre 1935, p. 845.

ANONYME, « Deux lettres d'Hollywood : Françoise Rosay annonce le retour de Jacques Feyder », *Pour Vous* n° 126, 16 avril 1931, p. 4.

ANONYME, « Les films de la semaine : *Le Grand Jeu* », *Cinémagazine* nouvelle série n° 2, 26 avril 1934, p. 20.

ANONYME, « Les films de la semaine : *Pension Mimosas* », *Cinémagazine* n° 1935-4, 24 janvier 1935, p. 12.

ANONYME, « Une opinion américaine sur *Pension Mimosas* », *Pour Vous* n° 332, 28 mars 1935, p. 10.

ANONYME, « À Épinay, une ville flamande sert de cadre à *La Kermesse héroïque* », *Cinémonde* n° 355, 8 août 1935, p. 620.

ANONYME, « Françoise Rosay, Claude Autant-Lara, Carette élus au studio de Boulogne, délégués pour le rassemblement de la Paix du 15 juillet », *L'Écran français* n° 305, 9 mai 1951, p. 17.

BESSY Maurice, « Dans le village de Boom, va s'ouvrir la kermesse héroïque sous la haute direction de Madame la Bourgmestre Françoise Rosay », *Cinémonde* n° 369, 14 novembre 1935, p. 844.

BUSSOT Marguerite, « Studios en plein air : on construit les décors de *La Kermesse héroïque* », *Pour Vous* n° 347, 11 juillet 1935, p. 12.

BUSSOT Marguerite, « À Munich avec *Les Gens du voyage* », *Pour Vous* n° 470, 17 novembre 1937, p. 8-9.

BUSSOT Marguerite, « Mes rôles et moi : quelques confidences de Françoise Rosay », *Pour Vous* n° 481, 2 février 1938, p. 10.

COLLECTIF, « La parole est aux spectateurs : *Le Grand Jeu* », *Pour Vous* n° 307, 4 octobre 1934, p. 3.

COLLECTIF, « La parole est aux spectateurs : *Pension Mimosas* », *Pour Vous* n° 337, 2 mai 1935, p. 12.

COLLECTIF, « La parole est aux spectateurs : *Pension Mimosas* », *Pour Vous* n° 338, 9 mai 1935, p. 12.

COLLECTIF, « La parole est aux spectateurs : *Pension Mimosas* », *Pour Vous* n° 339, 16 mai 1935, p. 12.

COLLECTIF, « La parole est aux spectateurs : *La Kermesse héroïque* », *Pour Vous* n° 378, 13 février 1936, p. 12.

COLLECTIF, « La parole est aux spectateurs : *La Kermesse héroïque* », *Pour Vous* n° 380, 27 février 1936, p. 11.

COLLECTIF, « La parole est aux spectateurs : *La Kermesse héroïque* », *Pour Vous* n° 384, 25 mars 1936, p. 11.

COLLECTIF, « La parole est aux spectateurs : *La Kermesse héroïque* », *Pour Vous* n° 386, 9 avril 1936, p. 11.

DORINGE, « Notre scénario romancé : *La Kermesse héroïque* », *Pour Vous* n° 372, 2 janvier 1936, p. 14.

DORINGE, « Françoise Rosay, femme accomplie, sait concilier le cinéma avec la vie familiale », *Pour Vous* n° 447, 10 juin 1937, p. 15.

DUVIC, Géo, « Trois femmes comiques dévoilent leur secret : une tasse de thé avec Françoise Rosay, Marguerite Moreno et Thérèse Dorny », *Pour Vous* n° 240, 22 juin 1933, p. 7.

ESCOUBE Lucienne, « Dans son prochain film *Les Gens du voyage*, Jacques Feyder évoquera la vie quotidienne d'un cirque ambulant », *Pour Vous* n° 460, 9 septembre 1937, p. 3.

FABIANO F., « Lettre ouverte à Françoise Rosay », *Pour Vous* n° 373, 9 janvier 1936, p. 10.
FARNAY Lucien, « *Gribiche* », *Cinémagazine* n° 1925-46, 13 novembre 1925, p. 339.
JANNE Henriette, « *Cinémagazine* dans les studios : à Épinay Jacques Feyder tourne… *La Pension Mimosas* », *Cinémagazine* n° 1934-21, 6 septembre 1934, p. 10.
LANG André, « Sur les écrans de France, les films : *La Kermesse héroïque* (film parlant français) », *Pour Vous* n° 368, 5 décembre 1935, p. 6.
MANDELSTAMM Valentin, « L'avènement des films parlants et synchronisés », *Cinémagazine* n° 1929-5, 1929, p. 193-198.
MARINELLI Jane, « Ce que révèlent leurs visages : Françoise Rosay », *Pour Vous* n° 565, 13 septembre 1939, p. 5.
MARTINE Claude, « Françoise Rosay, une femme dans la vie », *L'Écran français* n° 20, 14 novembre 1945, p. 4.
MINOTAURE (Le), « Croquis à l'emporte-tête : Françoise Rosay », *L'Écran français* n° 49, 24 septembre 1946, p. 3.
MINOTAURE (Le), « Un rose chez Madame Rose », *L'Écran français* n° 51, 5 juin 1946, p. 3.
MINOTAURE (Le), « La querelle de l'ancien et du nouveau », *L'Écran français* n° 60, 21 août 1946, p. 3.
MOËN Lats, « Comment le film américain a trouvé sa voix : la course vers le film sonore », *Cinémagazin*e n°17, 1929, p. 152-153.
MONDUEL René, « Françoise Rosay lève pour ses amis le voile de la fantaisie », *Cinémonde* n° 611, 16 avril 1946, p. 13.
P.-B., A. « Françoise Rosay repart pour l'Amérique », *Pour Vous* n° 193, 28 juillet 1932, p. 11.
PLOQUIN Raoul, « Jacques Feyder bourreau d'enfants », *Cinémagazin*e n°41, 9 octobre 1925, p. 80.
RÉGENT Roger, « Notre scénario romancé : *Les Gens du voyage*, film de Jacques Feyder », *Pour Vous* n° 487, 16 mars 1938, p. 14.
RÉGENT Roger, « *Macadam* », *L'Écran français* n° 75, décembre 1946, p. 6-7.

TEDESCO Jean, « Pour ou contre le film sonore ? », *Cinéa-Ciné pour tous* n° 114, 1928.
VINAL M., « Leurs bonnes et mauvaises étoiles : Françoise Rosay », *Pour Vous* n° 473, 8 décembre 1937, p. 7.
VINCENT-BRÉCHIGNAC Jean, « Françoise Rosay nous confie ses souvenirs sur Greta Garbo », *Pour Vous* n° 178, 14 avril 1932, p. 8.
WAHL Lucien, « *Le Grand Jeu* (film parlant français) », *Pour Vous* n° 285, 3 mai 1934, p.4.
WAHL Lucien, « On a présenté : *Pension Mimosas* (film parlant français) », *Pour Vous* n° 322, 17 janvier 1935, p. 14.
ZIMMER Bernard, « ''Et maintenant, si nous suivions un cirque de ville en ville'', me dit un matin Jacques Feyder », *Pour Vous* n° 476, 29 décembre 1937, p. 3.

Études sur Jacques Feyder et Françoise Rosay

AMENGUAL Barthélémy, « *La Kermesse héroïque* », in GILI Jean A., MARIE Michel (dir.), *1895, Revue de l'Association française de Recherches sur l'Histoire du Cinéma*, n° hors-série. Jacques Feyder, 1998, p. 167-172.
AMIEL Vincent, « Néo-réalisme avant l'heure ? Les années 30 en France et en Europe », *Positif* n° 629-630, juillet 2013, p. 8-10.
BACHY Victor, *Jacques Feyder*, Anthologie du cinéma, tome II, L'Avant-scène, 1967.
BACHY Victor, *Jacques Feyder artisan du cinéma*, Louvain, Librairie universitaire, 1968.
BACHY Victor, « Françoise Rosay raconte Jacques Feyder », *Les Cahiers de la Cinémathèque* n° 40, été 1984, p. 5-17.
BACHY Victor, « Les courts-métrages de Jacques Feyder », *Les Cahiers de la Cinémathèque* n° 40, été 1984, p. 18-22.
BERTHOMÉ Jean-Pierre, « Redécouvrir Jacques Feyder », *Positif* n° 667, septembre 2016, p. 92-94.
BINÉTRUY Pascal, « Quand le cinéma français s'invite au cirque », *Positif* n° 587, janvier 2010, p. 103-105.
CHIRAT Raymond, « *Le Grand Jeu* », in GILI Jean A., MARIE Michel (dir.), *1895,* AFRHC, n° h.-s. Jacques Feyder, 1998, p. 151-156.

CHRISTENSEN Peter G., « Feyder's Le Grand Jeu and the Idea of Poetic Realism », *Film Criticism* vol. 12, n° 2, 1988.

DERAIN Lucie, « Jacques Feyder dit pourquoi il tourne à l'étranger », *Ciné-France* n° 32, 11 mars 1938, [s. p.].

FAINSILBER Benjamin, « Si le cœur vous en dit, monsieur Feyder », *Messidor*, 8 avril 1938, [s. p.].

FORD Charles, *Jacques Feyder*, Paris, Seghers, coll. ''Cinéma d'aujourd'hui'', 1973.

GILI Jean A., « *Pension Mimosas* ou l'absence de hasard dans le jeu des passions », in GILI Jean A., MARIE Michel (dir.), *1895,* AFRHC, n° hors-série Jacques Feyder, 1998, p. 157-166.

GRISELAIN Marc-Didier, « Françoise Rosay, Madame Jacques Feyder », in GILI Jean A., MARIE Michel (dir.), *1895,* AFRHC, n° h.-s. Jacques Feyder, 1998, p. 45-58.

JEANSON Henri, « Quand Feyder fait le Jacques et devient cinénaziste », *Jeanson sur Jeanson*, Paris, René Château, 2000, p. 192-194.

JEANSON Henri, « M. Feyder, cinénaziste, a trouvé un défenseur », *Jeanson sur Jeanson*, Paris, René Château, 2000, p. 194-197.

MAYOUX Michel, « Feyder vivant *: Pension Mimosas* », *Cahiers du Cinéma* n°5, septembre 1951, p. 56-58.

MÉLON Marc-Emmanuel, « *Gribiche* ou la leçon de choses. Note pour une théorie de l'allégorie au cinéma », in GILI Jean A., MARIE Michel (dir.), *1895,* AFRHC, n° h.-s. Jacques Feyder, 1998, p. 73-79.

NEVIN Barry, « ''After Hollywood and Its Ever-Blue Skies, How Beautiful Paris Looks !'' Jacques Feyder between France and America, 1928-1934 », *Film History*, vol. 30, n° 2, 2018, p. 111-140.

NEVIN Barry, « "Elle t'aime trop, et moi, pas assez'', Jacques Feyder's Melodramatic *Mise en Scène* of Female Desire in *Pension Mimosas* (1935) », *French Studies : A Quaterly Review*, vol. 73, n° 2, 2019, p. 198-216.

NEVIN Barry, « Framing ''l'Âme des personnages''. Performance and Affect in Jacques Feyder's ''Pension Mimosas'' (1935), *Australian Journal of French Studies*, vol. 57, n° 2, 2020, p. 217-232.

NEVIN Barry, « The Very Essence of French Cinema (?) : Jacques Feyder's Return to France, 1944-1948 », *Quarterly Review of Film and Video*, vol. 37, n° 5, 2020, p. 456-483.

NIOGRET Hubert, « Notes festivalières : Bologne 2001, années 20 et 30 en vedette », *Positif* n° 490, décembre 2001, p. 66.

OLIVE Jean-Louis, « De Jacques Feyder à Étienne Chatiliez, aperçus sur une "middle-class" à la française », *Les Cahiers de la Cinémathèque* n° 50, mai 1989, p. 79-87.

OMS Marcel, « L'esprit du cinéma », *Les Cahiers de la Cinémathèque* n° 40, été 1984, p. 29-34.

PAGE Louis, « Les méthodes de travail du metteur en scène », in MICHA René (dir.), *Jacques Feyder, ou le cinéma concret*, Bruxelles, Comité national Jacques Feyder, 1949, p. 59-64.

SADOUL Georges, « Jacques Feyder, initiateur de l'École réaliste française », *Europe*, vol. 26, n° 32, 1er septembre 1948, p. 91.

SADOUL Georges, *Le Cinéma français, 1890-1962*, Paris, Flammarion, 1962.

SADOUL Georges, *Histoire du cinéma mondial : des origines à nos jours*, Paris, Flammarion, 1966.

VINCENDEAU Ginette, « Melodramatic Realism : On some French Women's Films in the 1930s », *Screen*, vol. 30, n° 3, été 1989, p. 51-65.

Études sur le cinéma français de l'entre-deux-guerres

ALBERA François, *Albatros. Des Russes à Paris, 1919-1929*, Paris / Milan, Cinémathèque française / Mazzotta, 1995.

BARNIER Martin, *En route vers le parlant : histoire d'une évolution technologique, économique et esthétique du cinéma (1926-1934)*, Liège, Éditions du Céfal, 2002.

BATAILLE Maurice-Robert, VEILLET Claude, *Caméras sous le soleil*, Alger, impr. Victor Heintz, 1956.

BENALI Abdelkader, *Le Cinéma colonial au Maghreb : l'imaginaire en trompe-l'œil*, préf. Benjamin Stora, Paris, Éditions du Cerf, 1998.

BENALI Abdelkader, « Le cinéma colonial : patrimoine emprunté », *Journal of Film Preservation* n° 63, octobre 2001, p. 2-4.

BILLARD Pierre, *L'Âge classique du cinéma français : du cinéma muet à la Nouvelle Vague*, Paris, Flammarion, 1999.

BOULANGER Pierre, « Le cinéma colonial ou la réalité travestie », *Cinéma 72* n° 171, décembre 1972, p. 47-60.

BRAHIMI Denise, « Le cinéma colonial revisité », *CinémAction* n° 111, mars 2004, p. 12-23.

BURCH Noël, SELLIER Geneviève, *La Drôle de Guerre des sexes du cinéma français (1930-1956)*, Paris, Nathan, coll. ''Fac cinéma'', 1996.

CARNÉ Marcel, *La Vie à belles dents : souvenirs*, Paris, J.-P. Ollivier, 1ère éd., 1975.

CHIRAT Raymond, BARROT Olivier, *Les Excentriques du cinéma français* (1929-1958), Paris, Veyrier, 1985.

CHIRAT Raymond, BARROT Olivier, *Ciné-club : portraits, carrières et destins de 250 acteurs du cinéma français (1930-1960)*, Paris, Flammarion, 2010.

CRISP Colin, *The Classic French Cinema (1930-1960)*, Bloomington, Indiana University Press, 1997.

FERRO Marc, « À qui appartiennent les images ? », *Journal of Film Preservation* n° 63, octobre 2001, p. 60-64.

JEANCOLAS Jean-Pierre, *15 Ans d'années trente : le cinéma des Français (1929-1945)*, Paris, Stock / Cinéma, 1983.

LAGNY Michèle, ROPARS-WUILLEUMIER Marie-Claire, SORLIN Pierre, *Générique des années 30*, Vincennes, Presses universitaires, 1986.

PRÉDAL René, *Histoire du cinéma français : des origines à nos jours*, Paris, Nouveau Monde éditions, coll. ''Chronos'', 2018.

TURK Edward Baron, *Marcel Carné et l'âge d'or du cinéma français, 1929-1945*, Paris, L'Harmattan, coll. ''Champs visuels étrangers'', 2002.

VEZYROGLOU Dimitri, *Le Cinéma français à la veille du parlant : un essai d'histoire culturelle*, Paris, CNRS Éditions, 2011.

VINCENDEAU Ginette, « Les films en version multiple », in BELAYGUE Christian (dir.), *Le Passage du muet au parlant*, Toulouse, Cinémathèque, 1988.

VINCENDEAU Ginette, « From the Bal Populaire to the Casino : Class and Leisure in French Films of the 1930s », *Nottingham French Studies*, vol. 31, n°2, 1992, p. 52-70.

Études sur les vedettes et les stars

ANSELMO-SEQUEIRA Diana, « Screen-struck : the Invention of the Movie Girl Fan », *Cinema journal* vol. 55, n° 1, 2015, p. 1-28.

ANSELMO-SEQUEIRA Diana, « Made in Movieland : Imitation, Agency and Girl Movie Fandom in the 1910s », *Camera Obscura : Feminism, Culture and Media Studies,* vol. 32, n° 1, mai 2017, p. 129-165.

BRASSART Alain, *Les Jeunes Premiers dans le cinéma français des années 60*, Paris / Condé-sur-Noireau, Éditions du Cerf / Corlet, coll. ''7RT'', 2004.

BURCH Noël, SELLIER Geneviève, *Le Cinéma au prisme des rapports de sexe*, Paris, Vrin, coll. ''Philosophie et cinéma'', 2009.

DYER Richard, *Le Star-système hollywoodien*, Paris, L'Harmattan, coll. ''Champs visuels étrangers'', 2004.

GAUTEUR Claude, VINCENDEAU Ginette, *Jean Gabin, anatomie d'un mythe*, Paris, Nathan, coll. ''Fac cinéma'', 1993.

HAYWARD Susan, *Simone Signoret : The Star as Cultural Sign*, New York / Londres, Continuum, 2004.

JUAN Myriam, « ''On naît acteur de cinéma… on ne le devient pas'' : artiste cinématographique, un métier en quête de formation (1919-1939) », *1895* n° 65, 2011. URL : cairn.info/revue-1895-2011-3-page-180.htm. Mis en ligne le 01 décembre 2014, consulté le 02 juillet 2020.

JUAN Myriam, « La célébrité à l'heure de la reproductibilité : l'invention de la star de cinéma en France pendant l'entre-deux-guerres », *Hypothèses*, vol. 15, n° 1, 2012, p. 127-144.

JUAN Myriam, PICARD Nicolas, « Célébrité, gloire, renommée : introduction à l'étude historique du fait d'‘‘être connu de ceux que l'on ne connaît pas’’ », *Hypothèses*, vol. 15, n° 1, 2012, p. 87-96.

JUAN Myriam, *‘‘Aurons-nous un jour des stars ?’’ : une histoire culturelle du vedettariat cinématographique en France (1919-1940)*, thèse de doctorat, dir. Pascal Ory, Université Paris-I, Panthéon-Sorbonne, UFR d’Histoire, Centre d’histoire sociale du XXème siècle, 2014.

MORIN Edgar, *Les Stars*, Paris, Le Seuil, coll. ‘‘Points Essais’’, 2015 [1957].

MOUSSA Alexandre, *‘‘Je ne suis pas une apparition, je suis une femme’’ : Delphine Seyrig, icône du cinéma moderne, actrice insoumise, star féministe*, thèse de doctorat, dir. Raphaëlle Moine, Université Paris-III, 2021.

NACACHE Jacqueline, *L’Acteur de cinéma*, Paris, Nathan, coll. ‘‘Cinéma’’, 2003.

NARFMORE James, *Acteurs : le jeu de l’acteur de cinéma*, Rennes, Presses universitaires, coll. ‘‘Le Spectaculaire’’, 2014 [Traduction française : Christian Viviani].

URO Yves, *Pauline Carton, itinéraire d’une actrice éclectique*, Paris, L’Harmattan, coll. ‘‘Champs visuels’’, 2009.

VINCENDEAU Ginette, *Les Stars et le star-système en France*, Paris, L’Harmattan, coll. ‘‘Champs visuels’’, 2008.

VINCENDEAU Ginette, « Une star en son temps : Danielle Darrieux en 1954 », in LE GRAS Gwénaëlle, SELLIER Geneviève (dir.), *Danielle Darrieux ou la traversée d’un siècle*, Pessac, Presses universitaires de Bordeaux, coll. ‘‘Cinéma(s)’’, 2020, 219-232.

Études sur la condition féminine dans la France du XXe siècle

ARIÈS Philippe, DUBY Georges (dir.), *Histoire de la vie privée, 4. De la Révolution à la Grande Guerre,* Paris, Seuil, coll. ‘‘L’Univers historique’’, 1987.

ARIÈS Philippe, DUBY Georges (dir.), *Histoire de la vie privée, 5. De la Première Guerre mondiale à nos jours*, Paris, Seuil, coll. ‘‘L’Univers historique’’, 1987.

BARD Christine, *Les Femmes dans la société française au 20e siècle*, Paris, Armand Colin, 2003.

BARD Christine, *Les Garçonnes : mode et fantasmes des Années folles*, Paris, Autrement, 2021.

BARD Christine, BOISSEAU EL AMRANI Frédérique, *Histoire des femmes dans la France des XIXème et XXème siècles*, Paris, Ellipses, 2013.

BARD Christine (dir.), *Les Féministes de la première vague*, Rennes, Presses universitaires, coll. ''Archives du féminisme'', 2015.

BOCK Gisela, « Pauvreté féminine, droits des mères et État-providence », in Georges Duby, Michelle Perrot, Françoise Thébaud (dir.), *Histoire des femmes en Occident, volume 5 : le XXème siècle*, Paris, Plon, 1992, p. 381-409.

CAPDEVILA Luc, ROUQUET François, VIRGILI Fabrice, VOLDMAN Danièle, *Sexes, genre et guerres (France, 1914-1945)*, Paris, Petite Bibliothèque Payot, 2010.

DERMENJIAN Geneviève, JAMI Irène, ROUQUIER Annie, THÉBAUD Françoise (dir.), *La Place des femmes dans l'histoire : une histoire mixte*, Paris, Belin, 2011.

ECK, Hélène, « Les Françaises sous Vichy : femmes du désastre, citoyennes par le désastre ? », in Georges Duby, Michelle Perrot, Françoise Thébaud (dir.), *Histoire des femmes en Occident, volume 5 : le XXème siècle*, Paris, Plon, 202, p. 210.

KLEJMAN Laurence, ROCHEFORT Florence, *L'Égalité en marche : le féminisme sous la IIIe République*, Paris, Éditions des Femmes, 1989.

PERROT Michelle, « De la nourrice à l'employée. Travaux de femmes dans la France du XIXe siècle », *Le Mouvement social* n° 105, 1978, p. 3.

RIPA Yannick, *Les Femmes en France : de 1880 à nos jours*, Paris, Éditions du Chêne / Hachette, 2007.

RIPA Yannick, *Histoire féminine de la France : de la Révolution à la loi Veil, (1975-1975)*, Paris, Belin, coll. ''Références'', 2020.

VIRGILI Fabrice, *La France ''virile'' : des femmes tondues à la Libération*, Paris, Petite Bibliothèque Payot, 2004.

ZANCARINI-FOURNEL Michelle, *Histoire des femmes en France (XIXème-XXème siècles),* Rennes, Presses universitaires, coll. ''Didact Histoire'', 2005.

Autres ouvrages consultés (littérature, histoire, sociologie)

ARISTOPHANE, *Lysistrata*, Paris, Les Belles Lettres, coll. ''Classiques en poche'', 2016 [Traduction française : Hilaire Van Daele].

BAKHTINE Mikhail, *L'Œuvre de François Rabelais et la culture populaire au Moyen Âge et sous la Renaissance*, Paris, Gallimard, coll. ''Tel'', 1982 [Traduction française : Andrée Robel].

ELIAS Norbert, *La Civilisation des mœurs,* Paris, Pocket, coll. ''Agora'', 2002. [1ère édition : Bâle, 1939. Traduction française : Pierre Kamnitzer].

FRESNAULT-DESRUELLE Pierre, *L'Image placardée : pragmatique et rhétorique de l'affiche*, Paris, Nathan, coll. ''Fac'', 1997.

GENETTE Gérard, *Seuils*, Paris, Éditions du Seuil, coll. ''Poétique'', 1987.

KALIFA Dominique, *Les Bas-fonds : histoire d'un imaginaire*, Paris, Seuil, coll. ''L'Univers historique'', 2013.

Index des noms

Table des matières

Structures éditoriales du groupe L'Harmattan

L'Harmattan Italie
Via degli Artisti, 15
10124 Torino
harmattan.italia@gmail.com

L'Harmattan Hongrie
Kossuth l. u. 14-16.
1053 Budapest
harmattan@harmattan.hu

L'Harmattan Sénégal
10 VDN en face Mermoz
BP 45034 Dakar-Fann
senharmattan@gmail.com

L'Harmattan Cameroun
TSINGA/FECAFOOT
BP 11486 Yaoundé
inkoukam@gmail.com

L'Harmattan Burkina Faso
Achille Somé – tengnule@hotmail.fr

L'Harmattan Guinée
Almamya, rue KA 028 OKB Agency
BP 3470 Conakry
harmattanguinee@yahoo.fr

L'Harmattan RDC
185, avenue Nyangwe
Commune de Lingwala – Kinshasa
matangilamusadila@yahoo.fr

L'Harmattan Congo
219, avenue Nelson Mandela
BP 2874 Brazzaville
harmattan.congo@yahoo.fr

L'Harmattan Mali
ACI 2000 - Immeuble Mgr Jean Marie Cisse
Bureau 10
BP 145 Bamako-Mali
mali@harmattan.fr

L'Harmattan Togo
Djidjole – Lomé
Maison Amela
face EPP BATOME
ddamela@aol.com

L'Harmattan Côte d'Ivoire
Résidence Karl – Cité des Arts
Abidjan-Cocody
03 BP 1588 Abidjan
espace_harmattan.ci@hotmail.fr

Nos librairies en France

Librairie internationale
16, rue des Écoles
75005 Paris
librairie.internationale@harmattan.fr
01 40 46 79 11
www.librairieharmattan.com

Librairie des savoirs
21, rue des Écoles
75005 Paris
librairie.sh@harmattan.fr
01 46 34 13 71
www.librairieharmattansh.com

Librairie Le Lucernaire
53, rue Notre-Dame-des-Champs
75006 Paris
librairie@lucernaire.fr
01 42 22 67 13

Made in the USA
Las Vegas, NV
08 November 2024

11380850R00125